KB190718

처음 시작하는
우리교회 독서모임

세움북스 는 기독교 가치관으로 교회와 성도를 건강하게 세우는 바른 책을 만들어 갑니다.

처음 시작하는
우리교회 독서모임

초판 1쇄 발행 2020년 9월 25일

지은이 | 조은정
펴낸이 | 강인구

펴낸곳 | 세움북스
등 록 | 제2014-000144호
주 소 | 서울시 종로구 삼일대로 428(낙원동) 낙원상가 5층 500-8호
전 화 | 02-3144-3500
팩 스 | 02-6008-5712
이메일 | cdgn@daum.net

교 정 | 이윤경
디자인 | 참디자인

ISBN 979-11-87025-72-6 (03230)

처음 시작하는

우리교회
독서모임

교회학교 교사가 알려주는
교회 독서모임 특급 노하우

조은정 지음

세움북스

프롤로그

인생에서 가장 잘한 선택 중 하나는 교회 고등부 교사가 된 것이고, 다른 하나는 고등부에서 독서모임을 운영한 것입니다. 제 가족들과 지인들은 잘 압니다. 제가 수시로 고등부 아이들 이야기를 하고, 그때마다 얼마나 흥분하고 행복해하는지를요. 저는 독서토론 전문가는 아닙니다. 다만, 학생들과 직접 독서토론의 현장을 경험해 본 사람으로서 많은 사람들과 공유하고 싶었습니다. 저희 교회 독서모임이 좋다고 소문났거나, 폭발적으로 부흥했기 때문에 이 책을 쓰는 것이 아니라는 점을 먼저 말씀드리고 싶습니다. "네 시작은 미약하였으나 네 나중은 심히 창대하리라"(욥 8:7)는 말씀처럼 저희 교회가 소소하게 시작한 청소년 크리스천 독서모임이 전국 각지로 퍼져 나가서 교회 속 독서 문화가 곳곳에서 싹이 트길 바라는 마음입니다.

독서는 유익하니까, 청소년 독서모임은 바람직한 모임이니까 주변의 전폭적인 지원이 있을 거라고 예상하지만 현실은 그렇지 않습니다. 매년 줄어가는 학생 수, 그에 비례하여 줄어드는 교회학교 예산, 입시 경쟁으로 잠잘 시간조차 부족한 학생들의 상황 등 기존에 하던 사역도 사라지는 형편에 새로운 사역을 하자는 건 저 같은 소심한 교사에게 큰 도전이었습니다. 예산을 청구할 때도 괜히 눈치가 보였습니다. 독서모임으로 얻는 성과는 어떤 수치로 계산되거나, 연극처럼 화려하게 '짠'하고 결과를 눈으로 볼 수 없기 때문이죠.

그럼에도 '하나님, 우리 고등부 독서모임 올해도 꼭 해야 합니다!'라고 마음속으로 외쳤던 이유는 이 사역은 분명히 하나님이 기뻐하시는 사역이며, 독서모임의 숨은 가치는 아이들의 인생에서 오래오래 빛을 발할 거라 확신하기 때문입니다.

담당교사인 저도 독서모임에서 매번 새롭게 배우고 깨닫는 것이 많았습니다. 아이들이 자신의 속 깊은 고민을 털어놓기도 했습니다. 아이들의 솔직하고 반짝이는 이야기가 며칠 내내 아니, 몇 년 동안 머릿속을 맴돌기도 하고, 가끔은 전혀 예상치 못한 아이의 감동적인 멘트에 가슴 뭉클해지는 순간들도 있었습니다. 이런 귀한 경험을 저 혼자만 간직하기엔 너무 아까웠습니다. 교회학교에서 청소년들과 함께 하는 독서모임이 얼마나 값진 경험인지를 이 책으로 전하고 싶습니다.

지금 이 책을 읽는 독자들 중에는 독서모임의 운영을 고민하는 분들이 계실 것입니다. 고등학생들과 함께한 경험을 담았지만, 청장년부 등 다른 곳에서도 응용할 수 있는 내용이 많습니다. 이 책이 여러분이 섬기는 교회의 독서모임을 탄생시키는 첫 단추가 되길 바랍니다. 독서모임에 참여하는 모두가 일상에서 색다른 즐거움을 경험할 거라 믿습니다.

추천의 글

책 읽는 이를 찾기 드무니 독서모임이 잘될 리 만무하다. 그것도 입시로 지치고 지친 아이들, 온몸으로 '뭐든지 못해'라고 외치는 모태 신자인 청소년들과 독서모임을 한다는 것, 그것도 3년 동안 꾸준히 한다는 것, 그것만으로 칭찬받아 마땅하고 본받아야 할 모범임에 틀림없다. 지금 곳곳에 청소년들에게 책을 읽히고 싶어 하는 부모와 교사들이 많다. 어찌하면 좋을까 고민만 하다가 때를 놓친 이가 적지 않다. 이 책만 있으면 불가능하지는 않으리라. 또한 한 손에 성경을, 다른 한 손에는 책을 잡는다면, 다음 세대는 걱정하지 않아도 되리라. 나는 그 희망을 이 책에서 보았다. 당신의 손이 이 책을 잡는다면, 교회 안에 새로운 독서운동이 들불처럼 번지리라 확신한다.

김기현 목사
부산 로고스서원 대표
〈모든 사람을 위한 성경묵상법〉 저자

인공지능이 보편화된 4차 산업 시대를 살고 있는 우리는 10년이 지나서도 인공지능이 대체할 수 없는 인간 고유 직업군이 무엇인가를 고민하며 관심을 기울이고 있다. 발 빠른 부모들은 자녀들에게 그런 직업군을 선택하도록 미리부터 준비시키고 있다. 그 직업군이 자녀들의 적성에 맞는가는 중요하지 않고, 4차 산업 시대의 소용돌이 속에서 살아남는 것이 중요한 관심사이다.

그러나 우리는 살아남기 위해서 어떤 직업을 선택하는가 보다는 변화의 시대에 나는 어떤 존재로 살 것인가를 고민하며 정체성을 확립하는 것이 더 필요할 것이다. 인공지능이 아무리 탁월해도 정보에 기초할 뿐이다. 타인에 대한 공감능력이나, 이전에 없었던 것을 발견하는 창의력은 없다는 것이다. 창조의 하나님은 인간을 만드시고 우리 안에 그 창조적인 능력과 타인에게 공감하는 능력을 주셨다.

이런 능력을 발견하고 창의적인 가치관을 가지고 살아가기 위해서 필요한 것이 독서이다. 본 저술은 이런 독서의 필요성과 방법, 그리고 실제를 아주 유용하게 소개하고 있다. 그리고 단지 개인적인 독서만이 아니라, 독서에 기초한 그룹 안에서 말하기, 듣기, 쓰기의 능력 배양을 강조하면서 전인적인 사람으로 세워져 가는 길을 제시하고 있다.

특히 교회에서 이런 독서모임을 어떻게 준비하고 진행할 것인가에 대한 구체적인 방법들이 소개되고 있어서 독서에 대한 동기부여만 아니라, 실제로 운영할 수 있는 노하우를 소개하고 있다. 그리고 무엇보다, 이론

이 아닌 자신의 경험담을 기초로 저술하였기에 실례(實例)를 통한 관심을 더하고 있다. 책을 사랑하는 자는 복이 있나니, 장차 주어질 날들이 그들의 것이니라!

이석호 목사
부산 대청교회 담임 목사

누가 시켜서 억지로 하면 이렇게 못하고, 이런 결과물도 만들 수 없다. 얼마나 애쓰며 부지런히 모이기에 힘쓰고 함께 읽기를 격려하고 주력했는지 이 책을 통해 알 수 있다. 교회는 말과 글의 공동체다. 곧 듣고 읽고 토론하고 사유하는 것으로 공동체의 삶을 모색해야 한다. 그런 의미에서 이 책은 함께 읽기를 경험한 공동체의 실천적인 현장을 잘 보여주고 있다. 동시에 자극과 도전을 선사한다. 특별히 문해력 최저 시대의 청소년들이라는 요즘 친구들과 함께 독서모임을 진행하며 얻은 유익과 통찰은 매우 흥미롭다. 주입식 교육에 익숙하며 입시 지옥에 내몰린 청소년들에게 제도권의 한계를 극복할 수 있는 힘을 길러주고, 교회 공동체가 시도해볼만한 새로운 모델로서 '독서모임'의 가능성을 이 책에서 확인해 보시기 바란다. 책 읽는 학생들이 드문 시대라 하지만 여전히 스스로 책을 읽고 사고하고 인생의 가치를 발견하는 모임이 가능하다는 것을 이 책은 증명하고 있다.

서자선 집사
평신도 독서 운동가, 광현교회

목차

1부. 교회학교에서 독서모임을 해야 하는 이유 7가지 ⋯⋯⋯⋯⋯ 15

2부. 독서모임 꾸리기, 어떻게 시작할까요? ⋯⋯⋯⋯⋯ 59

"애들아, 교회에서 독서모임 해봤니?"

1부.

교회학교에서
독서모임을 해야 하는
이유 7가지

최근 트렌드로 떠오르는 키워드 중 하나가 '취향'이라고 합니다. 20-30대 청년들은 자신의 취향에 따라 소비합니다. 모임도 옛날처럼 학연이나 지연 중심의 계모임보다는 비슷한 관심사나 취향을 중심으로 함께 하는 모임이 늘고 있습니다. 스마트폰 때문에 책 안 읽는 시대라고 하지만 여전히 독서를 통해 지적욕구를 충족시키려는 사람들이 많은 듯합니다.

예를 들면, 인스타그램에서 #(해시태그)책스타그램을 검색하면 책과 관련된 게시물이 300만 개 가까이 검색됩니다. 유튜브에서 북튜버를 검색하면 수없이 많은 북튜버들이 자신이 읽은 책을 소개하고 있습니다. 이런 트렌드를 반영하듯 TV에서도 인기강사 설민석 씨를 내세운 tvN 〈요즘 책방:책 읽어드립니다〉라는 프로그램이 조용한 화제를 일으켰습니다. 혼자 읽기 어려운 고전, 스테디셀러를 흥미롭게 소개해 주어 압축적이고 간접적으로 독서 효과를 얻게 해 줍니다. 국내 도서 팟캐스트 방송은 1200여 개, 인기 도서 팟캐스트는 구독자 수가 14만 명 이상입니다. 유료 독서모임도 늘어나는 추세입니다. 국내 최대 유료 독서모임 커뮤니티인 '트레바리'(trevari)의 경우, 4개월에 20만 원이 넘는 가입비를 지불하는데도 창립 5년 만에 현재 3천 명 이상의 회원이 활동 중이라고 합니다. 또 개성 있는 소규모 독립서점이 전국적으로 퍼져 그곳에서 독서모임이 이루어지고 있습니다.

20-30대 크리스천 청년들을 위한 유료 독서모임도 있습니다. '크로스 디사이플스'(Cross Disciples)는 청년들이 함께 책을 읽고 삶의 문제를 풀어가고 다양한 영역의 전문성도 키우는 취지의 독서 커뮤니티입니다. 50여 개 교회에서 참여하고 목회자, 작가, 기획자, 아나운서, 선교사, 디자이너 등 각계 각층의 전문가들이 리더를 맡고 있습니다.

이제는 골방에서 홀로 고독을 씹으며 책을 읽고 끝내는 시대는 지난 것 같습니다. 내가 읽은 책을 낯선 사람들과도 자유롭게 온라인/오프라인으로 공유하고 그 책에 대해 소통하는 사회적 분위기가 조성되었습니다.

저희 교회도 독서모임이 활발합니다. 어릴 때부터 수차례 이사를 하며 교회를 꽤 옮겨 다녔는데 현재 출석하는 교회처럼 독서모임이 열리는 교회는 없었습니다. 그땐 없었지만 아마 지금은 생겼을지도 모르겠습니다. 저희 교회는 교회에서 재정적 지원을 받고 공식적으로 운영하는 독서모임이 고등부에 1개 있고, 대학부에는 동기들끼리, 같은 학교 학생들끼리 삼삼오오 모이는 독서모임이 4-5개 있습니다. 교회 밖에서 혹은 학교에서 독서모임을 할 기회가 많은데 왜 굳이 교회에서, 교회학교 청소년 부서에서 독서모임을 할까요? 제가 고등부 학생들과 독서모임을 하며 느낀 독서모임의 필요성을 7가지로 정리해 봤습니다.

1. 내성적인 학생들을 위한
조용한 파티 🖋

하나님은 우리를 모두 다르게 만드셨습니다. 밖에 나가서 여러 사람들과 만나는 걸 좋아하는 사람이 있고 혼자 조용하고 정적인 활동을 하는 것을 선호하는 사람이 있습니다. 밖으로 나가야 에너지가 생기는 사람이 있고 혼자 있는 동안 에너지가 충전되는 사람이 있는데 내성적인 사람은 후자입니다. 내성적인 사람은 사람이 많은 곳에 가면 기(氣)가 빠진다는 말을 자주 합니다. 제가 그렇습니다. 내성적인 사람은 생각이 많고 정신적으로 에너지 소모가 많기 때문에 반드시 홀로 채우는 시간이 필요합니다. 간단히 내향인과 외향인으로 나누기도 하죠. 내향인 테스트도 있습니다. 여러

분도 한번 테스트 해 보세요.

- 나는 단체 활동보다는 일대일 대화가 좋다.
- 나는 글로 자신을 표현하는 게 좋을 때가 많다.
- 나는 혼자 있는 게 좋다.
- 나는 동년배들보다 부나 명예나 지위에 덜 신경 쓰는 것 같다.
- 나는 잡담은 싫어하지만 내게 중요한 문제를 깊이 논의하는 것은 좋아한다.
- 사람들이 나더러 "잘 들어준다"고 말한다.
- 나는 위험을 무릅쓰는 일은 그다지 좋아하지 않는다.
- 나는 방해받지 않고 깊이 몰두할 수 있는 일을 즐긴다.
- 나는 생일에 친한 친구 한두 명이나 가족과 소박하게 지내는 게 좋다.
- 사람들이 나더러 "상냥하다"거나 "온화하다"고 한다.
- 나는 일이 끝날 때까지는 사람들에게 내 작업을 보여 주거나 그것을 논의하지 않고 싶다.
- 나는 갈등을 싫어한다.
- 나는 스스로 최선을 다해 일한다.
- 나는 먼저 생각하고 말하는 편이다.
- 나는 밖에 나가 돌아다니고 나면, 즐거운 시간을 보냈더라도 기운이 빠진다.
- 나는 전화를 받지 않고 음성사서함으로 넘어가게 내버려 둘 때가 종종 있다.
- 꼭 선택해야 한다면, 나는 일정이 꽉 찬 주말보다는 전혀 할 일이 없는 주말을 선택하겠다.
- 나는 한꺼번에 여러 가지를 하는 걸 좋아하지 않는다.
- 나는 쉽게 집중할 수 있다.
- 수업을 들을 때는 토론식 세미나보다는 강의가 좋다.

수전 케인, 『콰이어트』 중에서

위 항목에서 해당 사항이 많으면 많을수록 내향인일 확률이 높습니다.

한국인의 80%가 내향인이라고 합니다. 사실 상황에 따라 우린 두 가지 특성을 조금씩 다 가지고 있는 것 같습니다. 그런데 전통적으로 한국 사회에서는 성격이 '내향적이다'혹은 '내성적이다'라고 표현할 때, 소극적이고 사교성이 떨어진다는 부정적인 의미가 있었습니다. '저 사람 소심해'라거나 '나는 소심해서 말이야'라는 말도 종종 합니다. 반면, 어떤 사람에게 '성격이 좋다'라고 할 때는 외향적이고 두루두루 잘 어울리는 사람이라는 긍정적인 의미가 있습니다. 한국 사회 뿐만 아니라 한국 교회 교회학교에서도 오랫동안 외향인을 환영하는 분위기였습니다.

외향적인 아이들이 주인공이었던 교회학교

십 대 청소년 중에도 끼가 넘치고 사교성 좋은 외향적인 아이들이 있고, 반대로 차분하고 튀지 않는 내성적인 아이들이 있습니다. 그런데 교회 안에서 인정받고 눈에 띄는 아이들은 주로 외향적인 아이들이라는 걸 부인할 수 없습니다. 임원으로 섬기거나, 노래를 잘해서 성가대나 찬양팀에서 활동하거나, 춤을 잘 추고 끼가 많아서 성극이나 워십댄스 등으로 무대 위에서 스포트라이트를 받는 아이들입니다. 운동을 잘해서 체육대회 때 멋지게 활약하기도 합니다. 교역자나 교사 입장에서도 수다스럽고 명랑한 아이들이 사교적이고 무엇을 하든 적극적으로 나서주는 점에서 고맙고 힘이 됩니다. 하지만 내성적인 아이들은 이런 것들이 마치 안 맞는 옷을 입은 것처럼 어색하기만 합니다.

앞에서 언급한 활동들은 여러 사람 앞에서 자신을 노출해야 하는데 내성적인 사람은 이런 일이 참 부담스럽습니다. 사실 제가 그렇습니다. 예배시간에 부서 단체로 특송하러 나가서도 어찌나 다리가 후들거리는지 민망해서 앞을 거의 쳐다보지 않습니다. 이런 걸 '무대 울렁증'혹은 '발표 울렁증'이라고 하죠. 무대 체질로 타고난 사람은 저 같은 사람을 평생 이해할 수 없을 것입니다.

저는 매주 주일 아침, 15명 남짓 모이는 교사모임을 갈 때에도 늘 긴장합니다. 아마 '교사모임 울렁증'이 있었나 봅니다. 제가 별로 할 일도 없고 잘못한 것도 없는데 주일마다 항상 긴장돼서 초창기에는 점심 때 먹은 음식이 체해서 고생하곤 했습니다. 가끔 꼭 필요한 경우, 발언해야 할 때도 너무 떨려서 할 말을 집에서 다 문서로 타이핑하거나 메모해서 준비 해갑니다. 혹시 말실수하거나 시간을 끌어서 다른 분들의 귀한 시간에 피해를 줄까 봐 불안하기 때문이죠. 지나치게 예민하고 소심한 편인데, 긍정적으로 보면 꼼꼼하고 신중하다고 볼 수 있습니다. 준비해서 말할 때도 긴장되고 떨리는 건 마찬가집니다. 믿음과 기도가 부족해서 그렇다고 하면 할 말이 없습니다. 교사로서 이런 점은 고쳐야 하는데 타고난 성격이라 잘 바뀌질 않아 부끄럽습니다. 성대 자체도 약해서 큰 소리로 말하면 금방 목이 잠깁니다. 3명 이상 모인 자리에서 말할 때는 되도록 말을 별로 하지 않고 다른 사람들의 이야기를 듣는 편입니다. 이런 사람이 어떻게 교사로 섬기고 있냐고 물으신다면, 하나님께서 하시는 일이라고밖에 설명할 수 없을 것 같습니다. 제가 이런 성격이라 내성적인 아이들을 100% 이해할 수 있습니다. 그래서 성경암송대회나 수련회 장기자랑 같은 앞에 나가서 하는 것 중에 제가 아이들에게 억지로 시키는 일은 없습니다. 우리반을 거쳐 온 학생들은 잘 알고 있습니다. 대신 정말 생각지도 못한 학생이 자진해서 나가겠다고 하는 은혜가 있습니다.

차분한 아이들의 진중한 매력을 발견하다

수전 케인(Susan Cain)은 TED컨퍼런스 강연에서 '내향형의 힘(the Power of Introverts)'이라는 주제로 내향적인 사람들이 세상을 바꾸는 놀라운 능력에 대해 부드럽고 강력한 메시지를 전했습니다. 이 강연은 가장 짧은 기간동안 조회수 100만을 돌파했고 현재 조회 수는 1,800만 회를 넘길 정도로 명강연으로 손꼽힙니다. 어린 시절 수줍음 많고 겁많은 책벌레였던 그녀는 자신의 내성적인 성격을 부끄러워했다고 고백합니다. 하지만 그녀의 저서 『콰이어트』에서 다양한 연구와 사례를 들며 세상은 외향적인 사람을 선호하지만 정작 세상을 바꾸는 건 내향적인 사람이라고 주장합니다. 또 다른 그녀의 저서 『청소년을 위한 콰이어트 파워』에서는 페이스북의 CEO 마크 주커버그, 마이크로소프트의 CEO 빌 게이츠, 구글의 공동창업자 래리 페이지, 골프선수 타이거 우즈, 독일의 총리 앙겔라 메르켈, 배우 엠마 왓슨, 가수 비욘세 등 다양한 분야에서 창의적이고 영향력 있는 사람들이 내성적인 성격이었다고 말합니다. 또한, 내성적인 성격은 고쳐야 할 것이 아니라 내면에 존재하는 잠재력을 발휘할 수 있어야 한다고 이야기하는데요, 어린 시절 사교성 부족하고 소심했던 이들이 청소년 시절 한국 교회에 다녔다면 과연 어떤 활동을 했을까요?

21세기는 개인의 취향과 개성을 존중하는 시대입니다. 21세기 한국 교회에서는 독서모임이 우리의 내성적인 십 대들에게 숨구멍을 트이게 해줄 수 있습니다. 실제로 독서모임에 오는 학생들은 담당교사도 포함해서 대다수가 차분하고 내성적인 성격입니다. 그래서 맨 처음 제가 독서모임을 인도할 때 가장 걱정했던 것은 '아이들이 말을 안 하면 어떡하지?'였습니다. 그러나 독서모임을 꾸준히 진행하며 저는 여러 번 놀랐습니다. 평소 소극적이라고 생각했던 아이들이 독서모임에 오더니 수다쟁이가 되는 겁니다. 지적 욕구와 호기심이 왕성하고 집중력이 높은 아이들이었습니다.

'와, 얘들이 이런 면도 있었네?', '이렇게 조리 있게 말을 잘하는 아이였구나', '나보다 생각이 깊구나.'하고 말이죠. 저는 독서모임을 하기 전까지 이 학생들의 숨겨진 진면모를 볼 기회가 없었습니다. '그동안 내가 이 학생들에게 너무 무관심했구나'하는 생각이 들어 미안했습니다. 귀한 보석이 등잔 밑에 있는데도 눈길을 주지 않았던 겁니다. 이 글을 읽는 독자분들도 주위를 둘러보세요. 혹시 나도 조용한 아이들에 대해 편견을 갖고 있던 것은 아닌지, 무관심해서 그 아이들에 대해 몰랐던 것은 아닌지 말입니다.

> 내성적인 사람이 편한 상대를 만나 말문이 트이는 것을 보고 주변에서 깜짝 놀라는 상황을 자주 목격하는데 당연한 일이다. 내성적인 사람은 사실 선택적인 수다쟁이다. 만족스러운 반응이 예상되는 익숙한 상대에게만 입을 연다.
>
> 남인숙, 「사실, 내성적인 사람입니다」 중에서

내성적이라고 해서 늘 혼자 지내거나 사람 만나기를 싫어하는 건 아닙니다. 먼저 말을 시키지 않으면 웬만해서 입을 열지 않는 특징은 있습니다. 그래서 다가가기가 더욱 조심스럽고 궁금하기도 합니다. 하지만 대화 코드가 맞는 상대를 만났을 때는 말이 많아지고 금방 친해집니다. 요즘 말로는 '결이 맞는 사람'이라는 표현도 쓰죠. 신변잡기를 늘어놓기보다 독서모임처럼 어떤 주제가 주어졌을 때 내성적인 아이들은 빛이 납니다. 독서를 하며 사유할 줄 알고, 생각이 깊기 때문에 평소 가지고 있던 생각들을 조리있고 논리적으로 얘기합니다. 침착하고 차분하게 이야기를 풀어가는 모습을 보면 어른보다 더 성숙하게 느껴질 때도 있습니다.

느슨해서 부담 없는 소수정예 모임

저희 교회 고등부 독서모임은 자주 모이지 않습니다. 보통 학교동아리 모임이나 대학부 독서모임은 일주일에 한 번씩 모입니다. 저희 모임은 한 달에 한 번, 학교 시험 기간이나 수능 주간이 겹치면 두 달에 한 번꼴로 모입니다. 혼자 책을 읽고 생각할 시간이 충분히 필요한 내향인들은 한 달에 한 번이 적당합니다. 우리 모임은 통독이나 낭독하는 모임이 아니기 때문에 책을 읽는 건 각자 집이나 편한 곳에서 혼자서 읽고 모임이 있는 날에만 만납니다. 내성적인 아이들은 이처럼 조금 느슨한 관계가 편안함을 느끼게 합니다.

인원이 많지 않습니다. 어른들 중에는 무조건 인원이 많으면 많을수록 좋다고 생각하는 분들이 있습니다. 초창기에는 고등부 학생 전체가 의무적으로 동아리를 하나씩 가입해야 했습니다. 그때 독서동아리에 가입한 학생은 7명이었지만 실제로 꾸준히 참석하는 학생은 평균 5명이었습니다. 저는 5-7명 정도의 인원이 적당하다고 생각합니다. 많아도 10명을 넘지 않는 것이 좋습니다. 인원이 그 이상 넘어가면 집중력이 분산되고 부담감이 생깁니다. 여러 사람 앞에서 말하는 것이 부담스럽기도 하고, 1시간이라는 제한된 시간 동안 모든 참석자가 충분히 발언할 시간이 부족해지기 때문입니다. 실제로 내성적인 사람은 여러 사람이 모였을 때 내가 발언을 길게 해서 다른 사람에게 피해가 가지 않을까 걱정할 수 있습니다. 독서모임은 한 사람도 소외되지 않아야 합니다. 모두가 주인공이 되었을 때, 독서모임은 왁자지껄하지 않아도 편안하고 즐거운 파티가 될수 있습니다.

2. 독서 동기를 부여하고,

독서 편식을 막는다

도서를 선정할 때는 학생들의 의견을 최대한 반영해서 선정합니다. 선정한 도서를 구매하는 일은 담당교사가 일괄적으로 구매해서 주일에 학생들에게 나눠 줍니다. 평소 자기가 읽고 싶었던 책을 교회에서 사주면 읽어야겠다는 책임감이 생깁니다. 책을 받아서 손에 들고 다니면 주변 친구들이 무슨 책이냐고 궁금해하며 물어봅니다. 그러면 "이거 이번에 우리

독서모임에서 읽는 책이야" 라고 얘기하며 은근히 지적 허영심을 뽐낼 수
도 있습니다.

책이 주는 성취감

책 읽는 습관이 없는 학생들은 혼자 책을 읽으면 쉽사리 진도도 안 나가고
집중해서 끝까지 한 권을 읽기도 어렵습니다. 도서 선정 후 그다음 주일
에 책을 나눠 주면, 그 책으로 모임을 하기까지 약 3주일의 시간이 있습니
다. 누군가에게는 긴 시간이고, 누군가에게는 짧은 시간입니다.

　여러분의 청소년 시절을 생각해 보세요. 대학 입시를 위해 엄청난 학습
량을 소화해야 하는 평균적인 한국 고등학생에게 한 달에 한 권의 책을 읽
는 일이 쉬울까요? 특히, 지금은 스마트폰 시대니까요. 성인도 한 달에 책
한 권 읽는 사람을 찾아보기 힘듭니다. 이번 달 내가 책 한 권 뗐다는 사실
자체가 학생들에게 성취감을 줄 수 있습니다. 책만 읽는 게 아니라 토론
까지 하니까 제대로 책을 읽고 소화할 수 있습니다. 또 함께하는 교회 친
구, 선후배가 있어서 서로 동기 부여가 될 수 있습니다. 고3인 누나가 1학
년 동생에게 독서모임을 권해서 같이 하는 남매도 있습니다.

접근성도 동기 부여에서 중요한 요소입니다. 외부 독서모임은 대부분 대학가나 시내에 위치한 카페, 공공도서관, 스터디 공간 등의 장소에서 모입니다. 이동시간이 길고 차를 타고 나가려면 번거롭습니다. 경우에 따라 가입비, 장소 대관료, 음료비나 간식비 등 돈도 내야 하죠. 물론 쾌적한 공간에서 체계적으로 운영하는 독서모임은 충분히 돈을 내고 갈 만한 가치가 있고 참석률을 높일 수 있는 장점이 있습니다.

사실 저도 몇 년 전 시립도서관에서 운영하는 독서모임에 가입한 적이 있습니다. 전국의 지역 공공도서관에서는 대부분 연령대별 독서모임이 운영되고 있습니다. 그때만 해도 지금처럼 독서 커뮤니티가 활발하지 않았던 때였고 무료였습니다. 전화로 쉽게 독서모임에 가입했고 참석 인원을 물어보니 매번 인원이 들쭉날쭉하다고 했습니다. 문제는 그 도서관이 집에서 지하철을 타고 30분, 버스를 갈아타고 20분 가량 가야 하는 위치였습니다. 결국 저는 이런저런 핑계로 한 번도 참석하지 못했습니다.

반면, 교회에서 하는 독서모임은 접근성이 좋습니다. 저희 교회 학생들은 대부분 한동네에 살고 있습니다. 주말에 동네 마트에 가거나 강아지와 산책하러 나가면 교회 학생과 종종 마주칠 정도입니다. 교회가 집에서 가깝기 때문에 이동하기 편합니다. 학생들은 주일 오후에도 독서실이나 학원에 가는 경우가 많아서 멀리 나가기가 어렵습니다. 아이들이 메고 오는 책가방 한 번 들어보세요. 돌덩어리를 지고 다니는 것 같습니다.

가끔 기분전환 삼아 교회 근처 카페에 가는 것도 나쁘지 않지만 교회 독서모임은 교회 내 공간을 활용하는 것이 가장 좋습니다. 또, 교회에서 하기 때문에 장소를 사용하는 비용이 들지 않습니다. 저희 교회 고등부 독서모임은 주일 오전 고등부 예배와 반별 공과모임을 모두 마친 후 예배실과 같은 층에 있는 방에서 하고 있습니다. 예배실에서 걸어서 5초도 안 되는 거리입니다. 그 시간대는 고등부 외에 아무도 사용하지 않기 때문에 누구의 방해도 받지 않고 조용히 모임을 가지는 장점이 있습니다. 그 방에는 여러 사람이 사용할 수 있는 큰 테이블과 의자, 개별 냉난방 기기, 화이트보드도 사용할 수 있습니다. 가장 안전하고 친숙한 공간입니다.

독서 근육 발달과 독서 편식 해결

반강제적으로라도 독서모임에 지속적으로 참석하면 자연스럽게 책 읽는 근육, 즉 독서습관이 생깁니다. 우리가 운동을 꾸준히 규칙적으로 하면 자기도 모르게 몸에 잔잔한 근육이 붙는 것처럼 말이죠. 그런데 건강한 몸을 위해선 운동 못지않게 식습관도 중요합니다. 좋아하는 음식만 먹으면 운동 효과가 떨어지고 영양상으로 불균형이 생깁니다. 독서도 마찬가집니다. 책도 편식하면 부작용이 생길 수 있습니다. 세상에서 제일 무서운 사람이 책 한 권만 읽은 사람이라는 말이 있습니다. 그 책에 나오는 말이 세상 이치의 전부인 줄 착각하고 편협한 사고를 한다는 뜻이죠.

학생들과 이야기를 나눠 보면 문과 학생들은 문학이나 인문학책을 많이 읽고, 이과 학생들은 수학이나 과학책을 많이 읽는다고 합니다. 몇 년 전부터 교육과정이 문·이과가 통합되었다고 하지만 선택과목에 비중을 두기 때문에 자기 적성에 맞고 생활기록부에 쓸 만한 전문서적 위주로 읽기 마련입니다.

흔히 교회에서 독서모임을 한다고 하면 성경책이나 기독교 서적만 읽는다고 생각하는 분들이 많습니다. 학생들도 그런 편견을 갖고 있는데 실제로는 그렇지 않습니다. 목사님들께서 평소 성경책만 읽는 것이 아니라 여러 분야의 책을 다독하고 기독교적 관점에서 해석하고 깨달음을 전해 주시는 것처럼요. 우리가 기독교인이라고 해서 평소에 기독교 영화만 보고, 기독교 음악만 골라서 듣지 않듯 책도 마찬가지입니다. 물론 규칙은 정하기 나름입니다. 기독교서적만 읽어도 됩니다. 기독교서적 중에도 영적 성장, 신학, 신앙생활, 전도, 선교, 문화 등 세부 카테고리를 나눌 수 있으니까요.

저희 교회 고등부 독서모임은 처음 시작할 때부터 다양한 책을 읽는다는 원칙을 가지고 시작했습니다. 오히려 비기독교 서적을 선호했습니다. 지금까지 저희가 선정했던 책은 종류가 다양합니다. 기독교, 소설, 인문, 경제, 경영, 사회 등 어떤 분야의 책을 읽더라도 기독교적 관점에서 이야기할 수 있었습니다. 소설 중에도 기독교적 색채가 담긴 소설이 있었고 인문서적 중에 역사, 정치, 사회, 경제, 윤리를 전반적으로 다룬 책도 있었습니다. 또, 경제 서적이면서 과학기술과 미래 트렌드를 이야기하는 책도 있었습니다. 가능하면 독서모임의 선정 도서는 분야를 가리지 않는 것이 좋다고 생각합니다. 학생들은 독서모임에서 접한 책을 통해 평소 무관심했거나 낯선 분야에 대한 새로운 지식이 쌓입니다. 그만큼 생각이 확장되고 다양한 관점으로 세상을 보며 성장할 수 있는 것이 독서모임의 힘입니다.

3. 말하기, 듣기, 읽기, 쓰기
능력을 기른다 🖋

4차 산업혁명 시대를 준비하는 독서모임

다음 세대의 미래를 예측할 때 가장 많이 나오는 용어 중 하나가 제4차 산업혁명입니다. 제4차 산업혁명은 인공지능(AI), 사물 인터넷(IoT), 빅데이터, 모바일 등 첨단 정보통신기술이 경제·사회 전반에 융합되어 혁신적인 변화가 나타나는 차세대 산업혁명을 뜻합니다. 전문가들은 기계가 편리함을 주는 대신, 인간의 노동을 대신할 거라 예측하고 실제로 그런 현상들이 나타나고 있습니다. 머지않아 대량실업 사태가 일어나고 인공지능 로봇이 인간을 지배할지도 모른다는 무시무시한 예측도 쏟아져 나옵니다. 2016년, 천재적인 프로 바둑기사 이세돌과 알파고(AlphaGo)의 대결이 화제가 되었습니다. 기술이 얼마나 발전했고 뛰어난지 증명하기 위해 다양한 분야에서 인간과 로봇의 능력을 시험하고 경쟁을 붙입니다. 새로운 로봇이 등장하면 언론은 앞다투어 두려움과 공포 분위기를 조성하기 바쁩니다. 이렇게 변화하면, 미래에 우리 다음 세대는 기계에 밀려 단체로 실업자가 될까요?

너무 걱정하지 않아도 됩니다. 인간의 영역과 기계의 영역이 엄연히 다르기 때문입니다. 과학기술은 인간의 편의를 위해 만들어진 것입니다. 고도로 발달한 로봇이 등장한다고 해도 그 로봇을 만드는 건 여전히 인간입니다. 사용하는 목적에 따라서 인간에게 주는 혜택이 피해 보다 훨씬 클 수 있습니다. 로봇은 인간이 정한 목적과 명령에 따라, 인간이 데이터와 알고리즘 시스템을 넣어야 작동합니다.

하나님께서는 창조하신 모든 것을 인간에게 맡겨 주셨습니다. 바로

'다스림'이라는 사명이자 역할을 주셨습니다. 자연 만물만 다스리는 것이 아니라 모든 만물, 즉 21세기를 살아가는 우리가 접하는 문화와 기술도 인간이 제대로 다스려야 합니다. 올바른 가치관과 목적을 가지고 활용하는 것이 중요합니다.

로봇보다 우월한 인간의 능력

그렇다면, 로봇이 따라올 수 없는 인간의 고유한 능력은 어떤 것들이 있을까요? 대표적인 것이 소통 능력이라고 생각합니다. 스마트폰 속에 내장된 음성인식 기능, 시리(SIRI)와 대화해 보셨나요? 처음에는 여러 가지 질문에 똑똑하게 대답해서 신기해하다가 어떤 질문에는 전혀 엉뚱한 소리를 해서 실망한 경험이 한 번쯤 있을 겁니다. 시리는 우리의 명령을 따르지만 제대로 소통할 수는 없습니다. 기계는 인간의 복잡하고 수준 높은 소통 능력을 따라잡을 수 없기 때문이죠.

소통 능력의 기본은 말하기, 듣기, 읽기, 쓰기입니다. 독서모임에 오면 이 네 가지를 모두 훈련할 수 있습니다. 내성적인 학생들이 독서모임에 오면 수다쟁이가 된다는 얘기를 앞서 언급했습니다. 말하기를 잘한다는 건 그저 두서없이 많이 말한다는 의미가 아닙니다. 조리 있고 논리적인 말하기를 뜻합니다. 책을 읽는 행위는 고도의 집중력을 요구하는 행위입니다. 책의 줄거리뿐만 아니라 문맥과 다양한 맥락을 파악하며 읽습니다. 독서모임에서 다른 사람들에게 자기 생각을 이야기할 때는 왜 그런 생각을 했는지 근거를 들어서 말을 합니다. 꾸준히 이런 경험을 쌓다 보면 말할 때 논리력이 생기고 자신감도 생깁니다. 대학에 가고 성인이 되어서도 우리는 원하든, 원치 않든 여러 사람 앞에서 말할 기회가 생깁니다. 독서모임은 학생들이 더 넓은 세상에 나가서 말하기를 하기 전, 마음 편히 해도 되는 연습게임입니다.

교사는 주인공을 빛나게 해 주는 조연

독서모임의 말하기에서 교사가 주의할 점이 있습니다. 교사의 경험과 생각을 나누는 건 괜찮습니다. 다만, 교사의 말이 지나치게 길어지지 않도록 주의해야 합니다. 목사님이나 교사들은 말하기를 좋아하고 잘하는 분들이 많습니다. 교회에 오면 주로 어른들은 말하고 학생들은 듣습니다. 반별 공과모임시간에도 둘러보면 교사들은 열성을 다해 말하고 학생들은 대체로 가만히 듣고 있습니다. 교사들은 당연히 학생들보다 인생 경험이 많기 때문에 하나라도 더 가르쳐 주고 싶고 알려 주고 싶은 마음은 이해합니다. 학생들이 올바른 길로 가도록 내가 아는 지식과 깨달음을 총동원해서 많은 이야기를 해 주고 싶은 마음이죠. 하지만 독서모임은 그런 열정을 조금 절제하고, 학생들이 발언하도록 유도해야 합니다. 교사는 학생들을 빛나게 해 주는 조연입니다. 신스틸러(Scene-Stealer)도 안 됩니다. 교사는 주인공인 학생들에게 판을 깔아 주는 사람임을 명심해야 합니다.

말하기보다 중요한 듣기

네 가지 소통의 기본요소 중 가장 중요한 핵심은 '듣기'입니다. 담당교사와 참여하는 학생 모두에게 필요한 태도는 잘 듣는 것, 경청입니다. 경청이 무슨 뜻인지 사전적 의미를 찾아봤습니다.

경청(傾聽): 귀를 기울여 들음. [국립국어원 표준국어대사전]

귀를 쫑긋 세우고 듣기만 하면 될까요? 쉬울 것 같으면서도 어려운 게 경청입니다. 여러 사람이 모였을 때 우리는 다른 사람이 말하는 동안 제대로 듣지 않는 경우가 많습니다. '이 사람 다음에 나는 무슨 말을 할까?'하고 머릿속으로 끊임없이 정리하고 생각하고 있을 경우가 많기 때문입니다. 겉으로 듣는 척하면서 딴생각을 하는 건 경청이 아닙니다. 독서모임에서 소수 인원을 선호하는 이유 중에는 잘 듣기 위한 목적도 있습니다.

때로는 상대방의 말을 끝까지 듣지 않고, 혹은 상대방의 말을 듣기도 전에 내 경험과 얕은 지식으로 섣불리 판단하기도 합니다. 『경청』(조신영, 박현찬)이라는 스테디셀러 책이 있습니다. 타인과 소통할 줄 모르던 한 40대 남성이 어느 날 뇌종양에 걸려 청력을 잃게 되면서 진정한 경청이 무엇인지 깨닫게 되는 이야기입니다.

> 우리는 대부분 상대의 말을 듣기도 전에 미리 나의 생각으로 짐작하고 판단하곤 합니다. 상대의 말을 왜곡하지 않고 있는 그대로 받아들이기 위해서는 먼저 빈 마음이 필요하다는 뜻입니다. 텅 빈 마음이란 아무것도 생각하지 말라는 뜻은 아닙니다. 나의 편견과 고집을 잠시 접어두라는 의미입니다.
>
> 조신영, 박현찬 『경청』 중에서

저는 20대 때 유년부 교사만 했던 경험 때문에 고등학생에 대한 편견이 많았습니다. 첫 번째 가졌던 편견이 '고등학생은 무서워'입니다. 그런데 고등부 교사로 간 첫날, 우리반 아이들을 만나자마자 제 편견이 완전히 박살났습니다. 여러분, 고등학생들 알고 보면 귀엽습니다(고등부 교사로 많이 섬기세요~).

독서모임에 갈 때는 내 안의 편견을 버리고 마음을 백지상태로 만든 후 학생들의 말을 듣습니다. 그러면 교사의 뻔하고 진부한 예상을 뛰어넘는 놀라운 이야기가 쏟아집니다. 다행히 학생들은 교사보다 편견이 없는 것 같습니다. 같은 책을 읽고도 다양한 의견을 듣는 건 서로에게 지적인 자극을 줍니다. 이때 교사는 잘 듣고 적절히 반응해 주면 됩니다. 어떻게 반응하는지는 3부에서 자세히 나누겠습니다.

하나님 사랑, 이웃 사랑의 출발은 경청

성경을 한 단어로 줄이면 '사랑'이고 그리스도인의 삶을 요약하면 '하나님 사랑과 이웃 사랑'입니다. 하나님 사랑이 하나님의 말씀을 잘 듣고 순종하는 것이라면 이웃 사랑은 다른 사람에 대한 관심과 이해에서 출발한다고 생각합니다. 다른 사람을 이해하려면 그 사람의 이야기를 잘 들을 줄 알아야 합니다. 처음부터 믿음을 강요하거나 말씀을 주입하려고 하면 거부감이 생깁니다.

독서모임은 다른 사람의 의견에 귀 기울이면서 잘 듣는 법을 배우고 배려하는 마음도 배웁니다. 예를 들면, 선정도서가 본인의 취향에 안 맞을 수 있습니다. 그렇더라도 다른 사람의 취향을 존중하고 책을 읽어 보는 거죠. 사정이 생겨 책을 끝까지 다 읽지 못하는 경우도 있습니다. '선생님, 죄송해요. 다 못 읽었어요.' '선생님, 책을 다 못 읽어서 못 가겠어요.'

학생들에게 이런 문자를 받기도 하지만 책을 다 못 읽었다고 해서 아무도 평가하거나 비난하지 않습니다. 조금 미안한 마음은 들겠지만 그냥 와도 괜찮습니다. 와서 다른 사람의 이야기를 듣기만 해도 되니까 오라고 합니다. 들으면서 얻어가는 게 많으니까요.

성경 읽기와 묵상 나눔의 토대

성경은 읽기 쉬운 책일까요, 어려운 책일까요? '쉬운 성경'을 보면 더 이해가 쉽다고 하는 분도 계실 겁니다. 사실 평생 반복해서 읽어도 성경은 완벽하게 이해하기 어려운 까다로운 책입니다. 결코 쉬운 책이 아닌데도 성경은 인류 역사상 가장 많이 팔린 베스트셀러입니다. 비신자들도 성경을 읽고 연구하기도 하죠. 그 이유는 여러 가지가 있습니다.

성경에는 다양한 역사, 미술, 건축, 문화, 생활이 담겨 있습니다. 그리고 성경에는 각양각색의 다양한 인물이 등장합니다. 우리가 삶의 본보기로 삼을 수 있는 인물도 있고 반면교사(反面敎師) 삼을 수 있는 인물도 나오기 때문에 그들의 삶을 통해 깨달음을 얻습니다. 또, 무엇보다 중요한 건 영원히 변치 않는 진리가 담겨 있는 책이기 때문이라 생각합니다.

세상은 끊임없이 변화하지만 성경은 이런 세상 속에서도 우리가 기준으로 삼아야 할 삶의 지혜를 가르쳐 줍니다. 읽고 다시 읽어도 성령께서 우리의 마음에 새로운 깨달음을 주기 때문에 세상에서 가장 위대한 책이 아닐까 싶습니다.

어른도 읽기 쉽지 않은 성경을 교사들은 학생들에게 매일 읽고 묵상하라고 합니다. 그리고 묵상한 것을 친구들 앞에서 나누라고 합니다. 여러분의 학창시절을 돌아보면 어떤가요? 평범한 중고등학생이 성경을 읽고 묵상하는 것이 쉬운 일이던가요? 어릴 때부터 신앙의 기초가 단단하게 서 있고 성경 읽기가 습관이 된 학생들은 매일 밥 먹듯이 성경을 읽고 묵상할 수 있습니다. 그러나 아직 신앙이 미성숙한데다가 책 읽기가 익숙지 않은 학생들은 생소한 시대적 배경과 일상 언어와 너무 다르게 쓰인 성경이 동떨어진 세계처럼 느껴집니다. 반복해서 읽고 또 읽고 묵상하는 훈련이 필요합니다.

독서교육전문가이자, '독서 목회'로 유명한 부산 샘터교회 안중덕 목사님의 말씀을 빌리자면 기독교와 책은 떼려야 뗄 수 없는 관계입니다.

> "기독교는 책의 종교입니다. 책읽기가 안 되면 성경도 못 읽기 때문에 책읽기는 기독인의 기본입니다. 나아가 그리스도인의 독서는 온전한 구원을 이루는 길입니다."
>
> **샘터교회 안중덕 목사**

그러므로 독서모임을 통해 학생들이 책을 읽으면 성경 읽기 능력도 키울 수 있습니다. 책을 깊이 읽고 다른 사람들과 다양한 생각을 나누는 활동은 말씀을 묵상한 후 친구들과 묵상 나눔을 하는 행위로 자연스럽게 이어질 수 있습니다. 다음 세대는 출생과 동시에 스마트폰을 접하고, 활자보다 영상이 익숙한 세대입니다. 이런 학생들이 독서모임을 통해 책과 가까워지고, 성경도 더 잘 이해할 수 있습니다.

부담 없는 글쓰기의 출발

책 읽고 글을 쓴다고 하면 가장 먼저 떠오르는 건 독후감입니다. 어린 시절 '난 독후감 쓰기가 너무 좋아!'하면서 썼던 사람이 얼마나 될까요? 저는 방학 때 밀린 독후감 숙제를 한꺼번에 해치운다고 고생했던 기억이 납니다. 책을 읽기도 전에 독후감에 대한 부담이 밀려오고, 그 책이 싫고, 다 읽고 나면 원고지 네모 칸에 분량을 꾸역꾸역 메꿨습니다. 독후감을 쓰면 장점이 많습니다. 하지만 저희 독서모임에는 독서 초보들이 많기 때문에 아직 한 번도 독후감을 쓰라고 하지 않았습니다. 물론 개인적으로 꾸준히 쓰고 있는 학생은 있습니다. 대신 다 같이 한줄평 쓰기를 했습니다. 책을 읽고 난 감상을 한 줄로 압축하는 것도 쓰기의 출발이 될 수 있습니다. 다른 사람의 글을 꾸준히 읽으면 어느 날 문득 내 글을 써 보고 싶다는 생각이 듭니다. 그래서 올해부터는 개인 활동 일지를 써서 조금 더 긴 글쓰기를 연습하고 있습니다. 편의상 세 가지 내용으로 구분해 놓았지만, 이 세 가지를 합쳐서 다듬으면 한 편의 독후감이 완성될 수 있습니다. 인상 깊은 구절이나 장면을 쓰는 부분도 있는데요. 일종의 필사를 하는 것입니다. 좋은 글을 필사하면 필력이 향상되고 글쓰기에 대한 두려움이 줄어듭니다. 마음에 드는 글을 기억하고 마음에 새길 수 있습니다. 이건 제가 10년 넘게 취미로 필사하면서 느낀 것입니다. 쓰기에 대한 부분도 3부에서 자세히 다루겠습니다.

4. 생각의 폭이 넓어진다 🖋

혼자서 책을 읽으면 장점도 있지만 자기만의 세계에 빠지기 쉽습니다. 독서모임에서 다양한 생각을 듣고 의견을 나누면 생각의 폭이 넓어지는 걸 느낄 수 있습니다. 내가 알던 세상, 내가 했던 생각이 전부가 아니었다는 것을 깨닫고 내 생각이 틀릴 수 있다는 걸 인정할 수 있습니다. 다른 사람이 나에게 틀렸다고 지적하면 자존심이 상할 수 있습니다. 나의 편협한 생각, 잘못된 사고를 겸손한 마음으로 스스로 깨달을 수 있는 자리가 바로 독서모임입니다.

영상매체가 가지지 못한 책의 강점은 상상의 나래를 펼치게 해 준다는 점입니다. 영상매체는 우리의 상상력이 확장될 기회를 차단합니다. 반면, 독서는 끊임없이 우리의 상상력을 자극합니다.

『빨간 머리 앤』(루시 모드 몽고메리)의 주인공 앤은 어린 나이에 부모를 잃고 고아가 된 것도 억울한데 고아원과 남의 집을 전전하며 상처로 가득한 유년 시절을 보냈습니다. 그런데도 남다른 감수성을 가져서 사소한 것에서 기쁨을 느끼는 명랑한 소녀입니다. 어떤 때는 조울증에 가까울 정도로 감정 기복이 심하고 표현력도 좋고 상상력이 뛰어납니다. 어느 정도 타고난 성향도 있겠지만 어린 시절의 고통 속에서 앤을 구원한 건 책이었던 것 같습니다. 앤은 어두운 현실에 무너지지 않고 다른 세계를 상상하며 버텨온 겁니다.

독서를 하면 상상력이 발달합니다. 책 속 인물의 상황과 감정을 상상하는 거죠. 이런 상상을 통해 우리는 어떤 일을 간접적으로 경험하고, 타인에 대한 공감능력도 키울 수 있습니다. 특히 소설을 읽을 때 내가 마치 그 소설 속 주인공이 된 듯, 인물의 감정에 공감하고 상황에 몰입하게 됩니다. 주인공의 감정선을 따라 주인공이 울면 같이 울고, 웃으면 같이 웃습니다.

3년 전 지역 도서관에서 열린 김영하 작가의 북콘서트에 참석했습니다. '우리가 소설을 읽을 때 일어나는 일들'이라는 주제였는데 '소설은 정신적 보험'이라는 말이 가장 인상 깊었습니다.

> 첫째, 소설은 도덕적 판단을 배제한다. 현실에서 윤리적이지 못한 주인공들이 많이 등장한다. 현실이라면 추방당했을 법한 인물도 문학적 장치를 통해 끝까지 보게 한다. 그런 인물들을 통해 타인을 이해하게 되고, 다양한 사람의 마음을 이해하고 결국 자기 자신을 이해하게 된다.
> 둘째, 소설에는 나쁜 일이 많이 일어난다. 좋은 일만 일어나면 재미없다. 이야기의 핵심은 주인공의 시련과 실패, 고통과 고난, 온갖 트러블을 소설은 미학적으로 승화시킨다. 그렇게 해서 소설 속 인물이나 상황을 공감하고 미래에 자신에게 다가올지도 모르는 실패를 담담하고 위엄있게 받아들이도록 도와준다.
>
> 김영하 작가

책은 다양한 상황, 감정, 사람들을 이해하고 공감하게 해 줍니다. 같은 장면을 읽어도 각자 느끼는 감상이 다르기 때문에, 독서모임에서의 경험은 생각의 폭을 넓혀 줍니다. 지금 이 시대를 살아가는 청소년의 현실을 다룬 청소년 문학이나 성장소설이라고 부르는 책들을 함께 읽으면 학생들도 공감하지만, 교사도 청소년 시절을 돌아보고 함께 성장하는 것 같습니다.

5. 기독교적 가치관 형성과
신앙 성장 ✒

독서모임은 책을 읽고 토론하는 모임입니다. 하지만 영적 성장이 따라 주지 않는다면 교회 독서모임은 무의미할 것입니다. 단순히 책만 읽는 것이 아니라, 우리의 신앙에 비추어 고민하고 삶으로 실천할 부분을 찾을 수 있어야 합니다. 또 다른 사람들이 깨달은 점을 들으면서 자신을 되돌아볼 수 있습니다.

> 너희는 이 세대를 본받지 말고 오직 마음을 새롭게 함으로 변화를 받아 하나님
> 의 선하시고 기뻐하시고 온전하신 뜻이 무엇인지 분별하도록 하라_롬 12:2

2020년 저희 교회의 표어는 '변화, 배우고 확신하여 담장을 넘는 교회'로 로마서 12장 2절 말씀에 바탕을 두고 있습니다. 로마서 12장 2절 말씀은 청소년 독서모임에도 적용할 수 있습니다. 기독교 세계관을 다룬 책 『니고데모의 안경』(신국원)에서는 바울이 주장하는 그리스도인의 삶의 기초를 다음 두 가지로 요약합니다.

첫째, 변화를 받아 새롭게 되며 하나님의 뜻을 분별하는 것과 둘째, 세상을 본받지 않는 것이다. 이는 세계관의 변혁을 말하는 것이기도 하다.

『니고데모의 안경』(신국원) 중에서

그리스도인은 말씀과 기도가 기본인 경건 생활을 통해 영적으로 성장합니다. 그리스도인은 성경 말씀 외에도 세상에서 우리가 경험하는 모든 영역에서 기독교적 관점으로 볼 수 있습니다. 신자들은 교회에서 보내는 시간보다 교회 밖에서 보내는 시간이 훨씬 많습니다. 청소년 신자들도 어른들 못지않게 매일 영적 전투를 벌입니다. 학교에서는 성적, 외모, 성취 등으로 아이들의 가치를 평가하는 세상적 가치관과 싸우고, 스마트폰 세계에서는 쏟아지는 각종 음란물과 유해한 정보와 싸웁니다. 아직 올바른 가치관이 정립되지도 않은 채 이미 치열하게 싸우고 고민하며 살아갑니다. 이 책을 읽는 어른들은 새벽 1시, 2시에 아이들과 카톡해 보셨나요? 그 아이들이 왜 잠 못 들고 불안해하는지 진지하게 생각해 보셨는지요? 단순히 스마트폰하고 논다고 잠 못 드는 게 아닙니다. 물론 그런 아이들도 있겠지만 그게 전부가 아니라는 겁니다. 겉보기엔 멀쩡하고 센 척하는 아이들도 고민이 많고 불안과 두려움도 많습니다.

교회학교에서 독서모임을 하는 목적도 불안한 시대를 살아가는 십 대들이 변화를 받아서 새롭게 되어, 어떻게 살아가야 할지, 하나님의 온전하신 뜻이 무엇인지 분별력을 갖게 하는 것입니다. 궁극적으로는 예수님을 닮아 가는 삶을 사는 것입니다. 독서모임은 우리가 추구해야 할 기독교적 가치관을 더욱 확고하게 할 수 있습니다. 아이들의 불안과 고민을 덜어 주고 어떤 방향으로 가야 할지 길을 제시해 줄 수 있습니다. 잔소리가 아닌, 스스로 깨달을 수 있는 방식이죠.

『아몬드』(손원평)는 현대인들의 잃어버린 공감능력에 대해 많은 이야기를 나눌 수 있는 소설입니다. 이 책을 다루며 성경 속에 나타난 예수님의 공감능력에 대해 다시 찾아보고 배울 수 있었습니다.

『프랑켄슈타인』(메리 셸리)은 과학기술이 발전했던 19세기에 쓰인 소설로, 과학기술이 가져오는 폐해, 창조주에 대한 인간의 도전, 인간의 감정, 교육의 중요성 등 다양한 주제를 생각해 볼 수 있었습니다. 인간이 하나님의 창조질서를 거슬렀을 때 초래하는 결과를 괴물을 통해 알 수 있습니다. 인간이 만든 괴물의 끔찍한 형상은 기술의 부작용을 상징하기도 합니다. 우리는 인간의 무분별한 개발로 하나님이 창조하신 자연이 파괴되는 현실을 살아가고 있습니다. 학생들은 요즘 우리가 피부로 느끼는 이상 기후와 지구 온난화 등의 환경 문제를 먼저 꺼냅니다. 그럴 때 우리는 어떻게 대처해야 하는지 함께 생각할 수 있는 책이었습니다.

또, 극심한 외로움과 절망에 빠져 창조자를 찾아가는 괴물의 모습을 보고 우리도 그런 상황에서 하나님을 찾았던 경험을 나누었습니다. 이런 이야기는 평소 주일 공과모임 시간에 쉽게 나오기가 어렵지만 독서모임에서는 자연스럽게 나눌 수 있었습니다. 자기의 경험을 나누고 다른 사람의 경험을 듣고 공감하면서 '나 혼자만 힘든 게 아니었구나' '내가 힘들 때 의지할 분은 하나님밖에 없구나'하는 것을 다시 한번 깨달을 수 있었습니다.

6. 새로운 기독교 문화 경험

앞서 책의 도입부에서 다양한 독서모임을 언급했듯이 독서모임은 시대가 요구하는 활동입니다. 세상에서 하니까 세상을 쫓아가자는 뜻이 아닙니다. 다음 세대에게 올바른 신앙을 가르치는 교회학교의 본질은 유지하되, 문화는 변해야 한다고 생각합니다. 아무리 주옥같은 말씀이라도 2박 3일 내내 아이들을 딱딱한 바닥에 앉혀 놓고 주입식으로 성경 지식만 집어넣는 수련회가 통하지 않는 것처럼 말이죠. 기성세대가 어릴 때 했던 경험이 좋았다고 해서 지금 세대도 똑같이 좋아할 거라고 생각해선 안 됩니다. 가끔은 십 대들이 다른 행성에 사는 외계인처럼 느껴질 때도 있습니다. 기성세대와 완전히 다른 언어를 말하고 다른 생각을 합니다. 가정에서 어릴 때부터 부모와 자녀 간에 소통이 중요하듯이 교회에서도 끊임없이 다음 세대와 소통하려는 노력이 있어야 합니다. 책을 매개로 한 독서모임이 다음 세대를 이해하고 그들과 소통하는 작은 노력이 될 수 있습니다.

홍찬주 학생은 2018년 독서모임에 가입했습니다. 하지만 입시 준비로 서울에 올라가서 공부를 하다가, 수능 시험이 끝난 후 처음이자 마지막으로 독서모임에 참석했습니다. 단 한 번, 고등부 독서모임에 참석했지만, 적극적으로 토론에 참여했던 찬주 학생의 소감이 요즘 말로 '뼈를 때렸습니다'.

"교회에서는 옛날 성경과 옛날 방식의 교육을 많이 하는데 교회에서 할 수 없는 일을 해서 좋았고 현실적인 주제에 대한 나눔이 가능했어요."

바꾸어 말하면, 그동안 교회에서는 새로운 방식의 교육을 하지 않았고, 현실적인 주제에 대한 나눔이 없었다는 의미였습니다. 물론 한 개인에게 국한된 의견이라고 생각하실지도 모릅니다. 하지만 교회학교가 위축되고 있는 현실 속에서 한 영혼이 귀하고, 한 학생의 말이라도 귀 기울여 들어야 하지 않을까요? 평생 교회에 다녔던 모태신앙 학생의 의견이라서 저는 더 와 닿았습니다.

지난해에는 교회에 온 지 3개월도 채 안 된 새 친구 김현기 학생이 독서모임에 나왔습니다. 1년 동안 꾸준히 책을 읽고 독서모임에 성실하게 나온 학생입니다. 아침에 사정이 있어 고등부 예배에 나오지 못하는 날에도 뒤늦게 독서모임에 참석할 정도로 적극적이었습니다. 이 학생은 고등부를 졸업하기 전 마지막 모임에서 이런 말을 남겼습니다.

"교회의 이미지가 달라졌어요."

모태신앙인 학생과 새 친구 학생의 소감이 다른 듯 비슷하게 들렸습니다. "그동안 너희가 생각했던 교회 이미지는 어떤 건데?"라고 캐묻고 싶었지만 묻지 않았습니다. 과거에 교회의 이미지가 어떠했든, 지금 현재와 미래가 중요하다고 생각하기 때문입니다. 독서모임이 학생들에게 교회에 대한 긍정적인 이미지를 심어 준 것, 이들에게 필요한 활동이라는 점에 확신이 생겼습니다. 한편으로는 '내년에도 독서모임을 꼭 해야겠다! 똑같이 하면 안 돼. 무조건 더 잘해야 해!'하는 책임감도 생겼습니다.

우리가 교회에 오는 주된 목적은 하나님께 예배를 드리기 위한 것입니다. 신자에게는 너무나 당연한 얘기지만 아직 믿음이 없는 새신자, 특히 십 대들에게는 교회가 매력적인 곳이 되어야 합니다. 그들이 말하는 옛날 스타일과 이미지에서 벗어나려는 노력이 필요합니다. 재미와 흥미를 끄는 것들은 이미 세상에 차고 넘칩니다. 화려하고 재밌는 프로그램을 만들자는 뜻이 아니라, 십 대들을 향한 따뜻한 배려와 공감을 느낄 수 있는 곳, 자신의 이야기에 귀 기울여 주는 곳이 되어야 합니다. 독서모임이 그런 통로가 될 수 있다고 생각합니다. 더 나아가, 교회 문화가 낯선 새 친구들이 정착할 수 있는 징검다리가 될 수 있을 것입니다.

7. 공동체와 리더십 훈련 🖋

공동체 교제의 통로가 되는 독서모임

"독서모임을 해서 어떤 점이 좋았어?"

"저는 사실 책 읽는 건 부차적이고 말 한마디 안 해 본 친구들과 얘기할 수 있었던 게 좋았어요."

의외의 답변이었습니다. 김부승 학생은 고등학교 2학년 때 독서모임에 나왔습니다. 저는 당연히 책과 관련된 답변이 나올 줄 알았습니다. 이것도 제 편견이었습니다(독서모임을 하면 할수록 제가 얼마나 편견 덩어리였는지 깨닫게 됩니다).

어릴 때부터 같은 교회에 다니고 같은 고등부 안에 있어도 같은 학년이나 같은 반 친구끼리만 지내는 학생이 대다수입니다. 성가대나 찬양팀으로 섬기는 학생들을 제외하면 대부분 예배를 드리고 반별 공과모임을 하고 집에 갑니다. 수련회나 체육대회 등 다 같이 어울리는 기회가 있지만, 분기별 특별행사의 성격을 띠고 있어서 지속적인 교제가 이어지는 데 한계가 있습니다.

다른 반 친구, 다른 반 선생님과 만남

독서모임은 1학년부터 3학년까지 전체 학년이 섞여 있고 한 달에 한 번, 두 달에 한 번 지속적으로 만남을 갖기 때문에 다른 반 친구들과의 교제가 가능합니다. 독서모임이 아니었다면 어떤 학생들은 고등부 3년 내내 서로 인사할 기회도 없었을 겁니다. 어른들도 사실 같은 순모임에 속해 있거나 코드가 맞아야 친해지지 그렇지 않으면 교제할 기회가 별로 없습니다. 같은 부서에서 봉사하는 경우에도 사적인 이야기보다는 그 부서에 관련된 이야기를 하는 편입니다. 독서모임은 표면적으로는 책 읽고 토론하는 모임이지만, 서로에 대해 알아가는 모임이기도 합니다. 책을 매개로 의견을 묻고 생각을 나누다 보면 다른 친구들의 마음을 알고 이해하게 됩니다. 평소에 몰랐던 친구, 선배, 후배에 대한 친밀감도 생깁니다.

김현기 학생과 공유진 학생은 초등학교 동창입니다. 수년간 서로 전혀 교류가 없다가 고등부 독서모임에서 다시 만났습니다. 사실 어렸을 때 동창이라도 가까운 사이가 아니거나 사교성 좋은 성격이 아니라면 아는 척하기가 어색합니다. 그냥 속으로 '쟤 우리 학교 다녔는데…'하고 생각만 할 것입니다. 두 학생은 각자 다른 반이라서 제대로 인사할 기회가 없었는데 독서모임에서 정기적으로 만나고 밥도 같이 먹으며 자연스럽게 친해졌습니다.

"같은 책을 읽었다는 것은 사람들 사이를 이어 주는 끈이다"

미국의 사상가, 시인 랄프 왈도 에머슨(Ralph Waldo Emerson)

청소년기는 또래 집단의 영향을 많이 받는 시기입니다. '친구 따라 강남 간다'는 속담도 있습니다. 처음부터 하나님을 간절히 사모하는 마음으로 교회에 오는 학생은 극히 드뭅니다. 친구가 교회 가면 같이 가고, 친구와 싸우면 교회를 안 오는 경우가 다반사입니다. 여자친구 따라 교회에 갔다가 헤어지면 안 나오는 경우도 종종 있습니다. 신앙이 성숙한 어른은 오로지 주님만 바라보고 교회에 나오지만 청소년들은 교회에 올 때 신앙보다 관계가 중요한 친구들이 많습니다. 그리스도 안에서 이루어진 관계는 정말 특별합니다. 각자 상황이 바뀌고 몸이 멀어지면 사라지는 우정과 다릅니다. 독서모임도 그렇습니다. 단순히 함께 책 읽자는 기능적 목적보다 책이라는 끈으로 맺어진 우리의 인연, 관계가 큰 의미가 있습니다.

'독서동아리'라는 이름으로 시작했던 첫해는 담당교사가 3명이었습니다. 1년을 마무리하며 교사들이 한목소리로 좋았다고 했던 점도 바로 '교제'였습니다. 다른 반, 다른 학년 학생들과 만나 대화하고 알아갈 수 있어서 좋았습니다. 아마 교회학교 교사들 중에는 일주일 중 주일이 가장 바쁜 분들이 있을 겁니다. 아침 일찍 일어나 1부 공예배를 드리고, 교사회의에 가고, 고등부 예배를 드리고 점심 먹고 나면 오후 예배를 드리고, 소그룹 모임을 드리는 등 주일 하루는 은혜와 섬김과 교제로 가득합니다. 고등부 예배에 가면 반을 맡은 교사들은 자기반 아이들 챙기기 바빠서 다른 반 아이들과 교제할 시간이 없습니다. 반별 공과모임이 끝나면 대부분 집으로, 학원으로 가 버리니까요.

고등부 교사를 시작했던 초기에는 아이들과 친해지고 싶고 잘 보이고 싶어서 토요일 저녁 찬양팀 연습시간에 간식을 직접 만들어서 갖다 주기도 했습니다. 며칠 동안 신경 써서 메뉴를 고민하고 반나절 시간을 들여 열심히 요리했지만 제가 워낙 내성적인 성격이라 그런지 간식을 해 준다고 친해지는 건 아니었습니다. 소통하는 교제가 빠져 있었으니까요. 아이들이 '저 선생님은 간식 만들어 준 선생님'정도로 기억할 것 같습니다.

독서모임으로 소통했던 학생들은 특별한 의미를 갖게 됩니다. 같은 눈높이에서 진지한 이야기를 할 수 있고 마음과 생각을 나누기 때문입니다. 그 학생들이 고등부를 졸업하고 떠난 후에도 종종 생각나고, 그들을 위해 기도하게 됩니다. 독서모임을 해 본 사람만 알 수 있습니다. 책만 남는 것이 아니라, 소중한 인연이 남습니다.

학생들의 후기로 전하는
교회 독서모임의 필요성

"책을 읽고 생각을 나눈다는 게 초등학교 이후 처음인 것 같은데 오랜만에 이렇게 책으로 얘기하니까 되게 재밌고, 생각을 함께 나눌 수 있는 것도 매우 감사한 시간이었다."

"다른 친구들의 생각을 통해서 깨닫게 된 점들도 있어서 유익한 시간이었다. 항상 느끼는 거지만 이렇게 한 권의 책을 다 같이 읽고 같은 주제에 대해서 진지하게 이야기할 기회가 평소에는 많이 없기 때문에 다양한 의견을 들으면서 사고의 폭을 확장시킬 수 있어서 정말 좋다."

"평소에 책을 잘 읽지 않고 고민하지 않았는데 독서동아리로 고민하고 생각할 수 있었다."

"독서 의지가 있지만, 실행을 잘하지 못하는 사람들에게 도움이 된다."

"책을 읽고 신앙적으로 생각하게 되고 그것을 생활에서도 생각하게 된다."

"요즘 고등학생은 책을 안 읽기 때문에 생각을 넓힐 수 있다."

"평소에 또래들끼리만 대화를 하다가 친구들보다 인생의 연륜이 있는 선생님들과 함께 생각을 나눌 수 있어서 좋았다."

"교회에서는 주로 옛날 성경과 옛날 방식의 교육을 많이 하는데 교회에서 할 수 없는 일을 해서 좋았고 현실적인 주제에 대한 나눔이 가능했다."

"되게 좋았다. 남들이 생각하는 거 들으면서 '이런 의견도 있구나' 다시 한번 생각하는 계기가 되었고, 자신의 생각을 이렇게 누군가에게 말할 수 있는 모임 자체도 좋은 것 같다."

"독서모임을 할 때마다 되게 즐겁고 재밌는, 전혀 무겁지 않게 할 수 있다. 할 때마다 되게 재밌고 같이 얘기 나눌 수 있어서 좋았다."

"교회의 이미지가 달라졌다. 더 풍성한 소통을 할 수 있다."

"토론은 재미있다. 여러 사람의 의견을 들을 수 있으니 좋았다."

"신앙적인 관점에서 의견을 나눌 수 있다."

"좀 더 편안함 그리고 급하지 않다."

"다양한 책을 접할 수 있다."

2부.

독서모임 꾸리기,
어떻게 시작할까요?

새 학기를 노려라 🖋

일반 학교의 새 학기는 3월부터 시작하지만, 교회학교의 새 학기는 1월부터 시작됩니다. 고등부는 12월 마지막 주에 고3 학생들의 수료식을 하고, 풋풋한 중3 학생들을 맞이하는 환영식을 합니다. 3년 동안 정든 고3 학생들을 대학부로 보내는 아쉬움과 고등부에 올라오는 중학생들과 만나는 설렘이 공존하는 시기입니다. 1~2월에는 겨울 수련회도 진행하기 때문에 부서마다 11~12월까지 필요한 모든 인력을 충원하고 새해 사역의 계획을 세워놓습니다. 성도들은 송구영신예배 시간에 새로운 한 해를 주신 하나님께 감사드리고 각자 새해에 소망하는 기도 제목을 쓰며 새로운 마음으로 다짐하고 결단도 하죠. 저도 고등부 교사를 시작한 이후 해마다 기도 제목에 '고등부 교사 사역을 겸손하고 성실히 잘 감당할 수 있게 하소서'라고 씁니다. 그리고 집에 와서는 나만의 기도제목을 추가로 작성합니다. 그중 하나가 '올해도 제발 고등부 독서모임이 유지되게 해 주세요!'입니다. 다행히 이 기도는 감사하게 응답되었습니다. 독서모임의 학생들이 함께 기도해 준 덕분이라 생각합니다.

새해가 되면 '올해부터 책 한 번 읽어 볼까?'하고 독서를 결심하는 사람들이 많습니다. 실제로 도서 판매량도 12~1월에 부쩍 늘어난다고 합니다. 책을 안 읽던 사람들도 독서 의지가 생긴다는 뜻이죠. 학생들도 그렇습니다. 겨울방학 동안 해이해진 마음을 다잡고 학업 의지를 불태우는 학생들이 있는가 하면, '올해부터 책을 읽어봐야지!'하고 다짐하는 학생들이 있습니다. 이런 학생들의 마음이 식어 버리기 전에 독서모임 담당교사는 기도하면서 준비해야 합니다.

첫째, 교사회의 시간에 독서모임에 관한 내용을 담당 교역자와 다른 교사들에게 공유합니다. 12월 월례회 때는 1년 동안 독서모임에서 했던 활동을 정리해서 보고서를 제출하고, 1월에는 계획서를 작성해서 보여드리는 거죠. 해당 부서에 처음 오시는 교역자님과 선생님들도 계시기 때문에 독서모임의 취지와 현황을 알려드립니다. 그러면 각 반 학생들에게 가입을 권유하고 기도로 지원해 주실 수 있습니다.

둘째, 학생들을 찾아갑니다. 교회 안에서 잠깐 얘기하거나 교회 밖에서 만납니다. 직접 못 만나면 카톡으로 연락을 합니다. 우선 지난해에 독서모임을 함께 했던 학생을 만납니다. 겨울방학 동안 어떻게 지내는지 근황을 먼저 묻고 나서, 독서모임의 어떤 점이 좋았고 어떤 점을 개선하면 좋을지 물어봅니다. 올해도 독서모임에 올 의향이 있는지, 요즘 읽고 있는 책은 있는지, 또 같이 읽고 싶은 책은 어떤 책이 있는지 물어봅니다.

3월에 새 학기가 시작되면 고등학생들은 현실적으로 시간을 내기가 힘들어집니다. 밤늦게까지 학교에서 야간자율학습을 하거나 학원, 독서실에서 보내고 집에 오면 야식, 숙제, 수행평가, 스마트폰 등으로 새벽까지 잠 못 드는 아이들도 많습니다. 그래서 1월에 반 편성이 되자마자, 가장 우선으로 하는 일이 우리반 아이들을 심방하는 것 입니다. 1월 첫 주일에 아이들의 스케줄을 파악해서 일대일로 밥 약속을 잡습니다. 예전에는 한꺼번에 불러서 밥을 먹었는데 대화가 잘 안 되고 시간 맞추기가 어려워서 작년부터 일대일 심방으로 바꿨습니다. 교회 밖에서 만나면 확실히 친밀감이 생기고 밥을 같이 먹으면서 자신의 이야기도 곧잘 합니다. 그리고 일대일로 심방하면 한 학생에게 온전히 집중할 수 있고 선생님과 학생 간에 서로 깊이 알아갈 수 있습니다. 예를 들어, 우리반이 5명이면, 1월 한 달 동안 5번 나가서 학생에게 밥을 사 주는 거죠. 평소에 제가 사 먹는 밥보다 비싸고 맛있는 메뉴로 사 줍니다. 어느 날, 우리반 한 학생이 식당에서 만났을 때 첫 마디가 이랬습니다.

"선생님, 돈 안 아까우세요?"

"어. 전혀 안 아깝다. 이때 아니면 이렇게 얘기할 수 있는 시간이 없거든."

재정적 부담이 없다고 하면 거짓말일 겁니다. 하지만 밥값이 좀 나가더라도 학생들과 더 빨리 가까워질 수 있는 시간입니다. 1월에 교사가 맡은 학생에게 얼마나 관심을 갖고 신경을 쓰느냐에 따라, 1년 동안의 관계가 좌우되는 경우가 많기 때문입니다. 물론 사정이 생겨 간혹 교회에 못 나오는 학생도 있지만 그때 함께한 시간은 밥값과 비교할 수 없이 소중하고 가치 있는 시간입니다. 식사 교제는 단순히 밥 먹는 시간이 아닙니다. 학생이 무엇을 좋아하고 무엇에 관심 있는지, 신앙상태는 어떤지, 어떤 기도제목이 있는지 쭉 듣고 나서 마지막으로 독서모임을 소개하는 겁니다. 독서모임에 가입하는 여부는 본인 선택이니 친절하게 설명해 주고 답변은 기도하면서 기다리면 됩니다.

구성과 인원 ✒

독서모임의 구성은 담당교사, 남학생과 여학생, 1학년부터 3학년까지 다양한 구성이 좋습니다. 다양한 생각과 의견을 나눌 수 있으니까요. 첫해에는 담당교사가 저를 포함해서 3명이었습니다. 다른 선생님 두 분도 책을 좋아하고 독서모임 경험이 있는 분들이었습니다. 저만 독서모임이 처음이었습니다. 그래서 순서를 정해서 교대로 모임을 인도했고 제가 마지막 차례로 했습니다. 간식 준비와 도서 구매도 돌아가면서 하고 각자 진행하는 모습을 사진 찍어 주기도 했습니다. 특히 한 분은 초등학교 교사로 재직 중인 선생님이어서 독서모임에 대한 운영방법과 정보를 잘 알고 계셨고, 또 한 분은 기독교 교육학을 전공하는 대학생으로 먼저 대학부에서 독서모임을 운영 중이라 두 분에게 많이 배웠습니다. 그때 두 선생님이 진심으로 배려해 주시고 격려해 주셔서 지금까지 독서모임을 이끌어올 수 있었던 것 같습니다. 그다음 해에도 책을 좋아하는 대학생 선생님이 보조교사로 참여해 주셔서 모임을 운영하는데 큰 힘이 됐습니다. 교회마다 사정은 다르겠지만, 교사 한 명이 담당하기 부담스러울 때는 마음 맞는 다른 교사들과 같이하면 확실히 시너지 효과를 발휘할 수 있습니다.

그렇다면 독서모임의 인원은 몇 명이 적당할까요? 1부에서 언급했듯이 독서모임 중에는 수십 명, 수백 명이 한자리에 모이는 곳도 있고, 오붓하게 소수정예로 모이는 곳도 있습니다. 다음 TV 프로그램의 공통점이 뭘까요?

tvN 〈요즘 책방: 책 읽어드립니다〉
tvN 〈비밀독서단〉
KBS 〈TV 책을 말하다〉
KBS 〈책 읽는 밤〉

첫째, 책을 소개하고 책에 관한 토론을 통해 책이 우리에게 주는 의미를 생각하게 하는 프로그램입니다. 최근 시즌1을 종영한 tvN〈요즘 책방: 책 읽어드립니다〉는 검증된 양서를 선정해서 소개했습니다. 내용이나 분량 면에서 시청자들이 다소 어렵다고 느낄 수 있는 책인데도 유명 역사 강사인 설민석씨가 매우 흥미롭게 압축하여 소개하고 출연자들이 토론합니다.

둘째, 방송시간이 한 시간 남짓입니다. 실제 녹화시간은 분명히 더 길겠지만 한 시간 내에 책 소개와 토론이 모두 이루어집니다. 앞부분은 리더인 설민석 강사의 강독이 차지하고 나머지는 다른 패널이 골고루 발언하는 형식입니다. 학생들과 하는 독서모임에서는 강독하는 순서가 없기 때문에 토론 시간을 더 확보할 수 있습니다.

셋째, 진행자와 패널을 포함해서 총 출연진이 6명 내외입니다. 회차에 따라 더 적거나 많을 때도 있지만 평균 6명입니다. 한 시간이라는 제한된 시간 안에 6명 내외의 소수 인원이 집중해서 토론하는 모습을 볼 수 있습니다. 패널 구성도 다양합니다. 평소 책을 많이 읽는 연예인도 있고, 관련 분야의 전문가도 있고, 평소 책을 안 읽는 캐릭터를 콘셉트로 잡고 나오는 출연자도 있습니다. 각자의 경험이 달라서 같은 책을 읽고도 아주 다양한 의견이 나옵니다. 유익한 정보도 얻고 나와 다른 통찰을 통해 감동과 새로운 깨달음도 얻을 수 있습니다. 어떤 경우에는 완전히 상반된 견해가 나올 때도 있는데 반대 의견도 서로 존중해 주어서 자유롭게 자기 생각을 이야기할 수 있는 분위기입니다.

소수 인원의 장점으로 친밀감과 소속감을 들 수 있습니다. 부담없고 편안한 분위기에서 진솔한 대화를 나눌 수 있습니다. 매번 구성원이 바뀌거나 인원이 너무 많으면 서로 친해지기가 어렵습니다. 인원이 적기 때문에 내가 모임의 자리를 지켜야겠다는 책임감도 생깁니다.

저희 교회 고등부 독서모임의 인원은 반별 모임 인원과 비슷합니다. 고등부 전체 평균 출석 인원이 40명이고 반별 출석 인원이 4-5명입니다. 독서모임은 학생 5명과 교사 1명, 이렇게 6명입니다. 작년과 재작년 평균 참석인원도 5명입니다. 많으면 많을수록 좋다고 생각하는 분들도 있겠지만 인원이 너무 많으면 집중력이 떨어지고, 시간이 부족해서 1인당 발언하는 분량이 동등하게 배분되지 않을 수 있습니다. 전원이 활발하게 토론하기 위해서는 가능한 10명을 넘지 않는 것이 좋다고 생각합니다.

순모임을 생각해 보면 됩니다. 모임 시간이 지나치게 길어진다 싶으면 어떤 사람은 일부러 말을 아끼거나 아예 한마디도 안 하고 넘어가는 경우가 있습니다. 나누고 싶은 기도 제목이 있어도 눈치 보며 혼자 가슴 깊이 묻어두는 거죠. 십 대들의 독서모임은 눈치 보지 않고 자유롭게, 거침없이 말하는 모임이 되었으면 하는 마음입니다.

'적당한 인원'에 정답은 없습니다. 각자 형편에 맞게 하면 됩니다. 어떤 교회는 중고등부 인원만 천 명이 넘어가고 어떤 교회는 열 명이 채 안 되는 곳도 있습니다. 저는 독서모임을 할 의지가 있는 학생이 단 한 명이라도 있다면 그 학생에게 충분히 의미 있는 시간이 될 거라고 생각합니다. 할 인원이 아무도 없어서 못하는 거면 모르겠지만, 분명히 하고 싶은 학생이 있는데 적다고 하지 않는 것은 단순히 시스템이나 인원의 문제가 아닐 겁니다.

독서모임을 섬기는 데는 많은 예산이나 여러 명의 일꾼이 동원되지 않습니다. 이끌어 줄 교사와 책만 있으면 됩니다. 소수가 모이면 오히려 인격적으로, 신앙적으로 더욱 친밀하고 깊은 교제가 이루어질 수 있습니다. 그런 경험을 통해 한 영혼이라도 성장하고 변화가 일어난다면 하나님께서 기뻐하시는 일이지 않을까요? "네 시작은 미약하였으나 네 나중은 심히 창대하리라"(욥 8:7)는 말씀을 믿고 기도로 준비하고 시작해 보시기 바랍니다. 처음부터 완벽한 모임은 없습니다.

일대일로 시작해서 점점 늘려가는 것도 좋고 처음부터 열 명이 해도 괜찮습니다. 부족한 점은 하면서 개선할 수 있습니다. 인원의 많고 적음보다 중요한 건 그 모임에 나오는 구성원이 얻는 가치와 만족도일 것입니다. 다만 인원이 너무 많으면, 언변이 좋은 구성원의 발언이 너무 길어져서 소외되는 구성원이 있는지 진행자가 잘 살펴야 합니다. 시간이 너무 길어지는 경우, 진행자가 적절히 정리하거나 핵심논제만 골라서 하는 융통성이 필요합니다. 구성원이 10명이 넘어갈 경우, 두 그룹으로 나누어서 진행할 수도 있습니다.

홍보 **방법**

교회학교 새 학기가 시작되는 1월부터 독서모임의 존재를 학생들에게 알려야 합니다. 1~2월은 겨울방학 기간이기 때문에 상대적으로 학생들이 책 읽을 여유가 확보되는 시기입니다. 이 시기에 독서모임을 알리는 것이 좋습니다.

광고시간

각 부서마다 예배시간에 광고를 담당하는 교사나 학생이 있을 것입니다. 광고 담당자에게 독서모임을 광고시간에 알리고 신청을 독려해 달라고 부탁합니다. PPT화면에 간단하게 독서모임과 신청 방법을 소개합니다. 독서모임을 시작한 첫해에는 담당교사인 제가 광고시간에 앞에 나가서 간단히 독서모임을 소개하는 시간을 가졌습니다. 저는 언변이 없고 발표 울렁증이 있어서 '내가 노잼(재미없는) 선생님이라서 애들이 안 오면 어쩌지?'하는 걱정도 들었습니다. 다행히 이듬해에는 직접 나가서 설명하지 않고, 15초짜리 홍보영상을 만들어서 띄웠습니다. 저처럼 기계치인 사람들도 스마트폰 동영상 편집 앱을 이용하면 15초짜리 홍보영상을 뚝딱 만들 수 있습니다. 십 대들에겐 재미없게 주절주절 설명하는 것보다 이 방법이 더 효과적인 것 같습니다.

고등부 주보

설교시간에 유난히 주보를 정독하는(?) 학생들이 있을 겁니다. 주보는 지각하든, 조퇴하든 예배에 오는 모든 학생이 보기 때문에 주보 광고를 보고 한 번 더 독서모임 가입을 고려해 볼 수 있습니다. 고등부 주보에는 예배 순서 외에 고등부 학생들과 관련된 모든 행사와 생일 등을 알리는 광고면이 있습니다. 주보 광고면에 적어도 3~4주 동안 지속해서 독서모임 가입 신청을 안내합니다. 한 번의 광고로 내용을 제대로 기억하는 학생은 거의 없을 겁니다. 간혹 결석하는 학생이 있으니 주보에 실어서 다음 주일에 독서모임에 대한 내용을 접할 수 있도록 합니다. 해마다 수련회 광고를 하듯이 반복적으로 안내하는 거죠. 독서를 좋아하는 학생은 바로 신청하겠지만 개인 사정에 따라 꽤 고심하다가 신청하는 학생도 있습니다. 혹은 주변 친구에게 권해 줄 수도 있습니다.

홍보 포스터

교회학교 부서마다 정해진 게시판이 있을 겁니다. 학생들이 다니는 계단,

복도, 예배실 앞 게시판에 독서모임 홍보 포스터를 붙입니다. 고등부 예배를 마치면 예배실 근처에 학생들이 삼삼오오 모여 노는 공간이 있죠. 그곳에 포스터를 붙이면 학생들이 자연스럽게 포스터를 보고 독서모임에 대해 알 수 있고 서로 얘기할 수 있습니다. 작은 사이즈로 화장실에 붙어도 좋고 학부모님들도 알 수 있게 교회 본당 로비와 교회 밖 게시판에 붙여도 좋을 것 같습니다.

학생이 디자인한 홍보 포스터

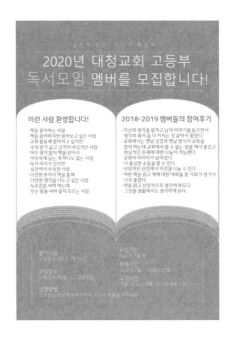

포스터를 제작하는 방법은 직접 디자인을 해도 좋고 동영상과 마찬가지로 스마트폰으로 '포스터 만들기' 앱을 사용할 수 있습니다. 거기서 마음에 드는 디자인을 골라 홍보 문구만 넣어 만들어서 컬러로 인쇄하면 됩니다. 저희 독서모임 포스터는 정말 감사하게도 손재주가 좋은 학생이 직접 만들어 주었습니다.

SNS(소셜네트워크서비스)

학생들의 가장 활발한 소통 창구는 SNS입니다. 인스타그램, 페이스북, 카카오톡 프로필/배경화면, 카카오톡 스토리, 블로그 등 모든 통로를 활용해서 독서모임의 존재를 노출시킵니다. SNS로 홍보하려면 평소에 학생들과 SNS친분이 있어야 합니다. 계정이 없는 분들에게는 무용지물이겠죠. SNS도 글보다 이미지가 효과적입니다. 이미지는 따로 만들어도 되고, 포스터에서 사용했던 이미지를 그대로 사용해도 됩니다. SNS에 홍보글이나 포스터를 올려두면 모임에 참여하는 학생들도 리포스트(Repost) 하거나 자유롭게 사용할 수 있습니다.

내심 가장 바라는 건 독서모임을 통한 전도입니다. 우리 교회 학생들이 불신자 학생을 독서모임에 데려오는 것입니다. 친구와 책을 매개로 일단 교회에 대한 보이지 않는 벽을 허무는 거죠. '교회에서 이런 것도 하는구나', '책도 읽고 친구도 사귈 수 있네'라는 생각을 하게 함으로 부담스럽지 않은 관계 맺기를 시작하는 겁니다.

신청 방법 🖋

독서모임을 열심히 홍보하고 나면 가입하는 건 학생들의 선택입니다. 담당교사와 친분이 있는 학생은 언제든지 "선생님, 저 독서모임 할게요!"라고 말하면 됩니다. 처음에는 저한테 알려 주거나 포스터 밑에 이름을 쓰라고 했는데 그렇게 하는 학생이 아무도 없었습니다. 저와 친분이 없거나 내성적인 학생에게 편한 방법이 아니었던 것 같습니다. 그래서 신청기한을 정하고 신청서 양식을 만들었습니다. 신청서는 아주 간단하게 만들어서 각반 선생님에게 제출하라고 했죠. 신청서에는 포스터에 사용했던 이미지, 역대 선정도서 목록, 신청하는 학생의 반, 이름, 연락처만 넣었습니다. 필요한 내용은 다 있지만 좀 투박한 신청서입니다. 다음에는 학생들과 의논해서 더 예쁘게 만들고 싶네요.

독서모임 가입 신청서 양식의 예

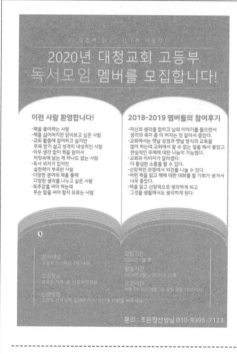

*2018년 선정도서:
아몬드,
구덩이,
**클라우드 슈밥의 제4차 산
업혁명,**
땅콩박사,
사람은 무엇으로 사는가

*2019년 선정도서:
어디서 살 것인가,
욕쟁이 예수,
경영학 콘서트,
프랑켄슈타인,
지적 대화를 위한 넓고 얕
은 지식

(신청자)

이름:

반:

연락처:

장소와 시간 🖋

교회에서

1부 '교회학교에서 독서모임을 해야 하는 7가지'중에서 동기 부여를 위해 학생들의 접근성이 높은 교회 내부 공간을 활용한다고 했습니다. 독서모임을 하는 장소는 교회마다 사정이 천차만별이라 '어디가 가장 좋다'라고 단정 지을 수 없습니다. 하지만 최적의 장소는 우선 학생들이 잘 아는 곳, 학생들이 이동하기 쉬운 곳이 편하겠죠. 교회는 사람이 많이 모이는 장소이기 때문에 외부 소음이 어느 정도 차단되어 모임에 방해받지 않는 독립적인 공간이면 좋습니다. 사람들이 자주 드나들거나 소음이 많은 곳은 아무래도 토론하는데 방해가 되겠죠.

저희 교회에는 교회학교 예배를 드리는 교육관이 따로 있고 고등부 예배실이 있는 층에 모임을 할 수 있는 작은 공간이 여러 개 있습니다. 오후에는 주로 청·장년층이 사용하고 오전에는 대부분 비어 있어 고등부에서 사용합니다. 그중 고등부 예배실과 가장 가까운 방을 지정해서 독서모임 장소로 사용하고 있습니다. 독서모임을 하는 시간대에는 아무도 없어서 편하게 사용할 수 있고 간단한 음료와 간식을 먹어도 됩니다.

교회에 마땅한 여유 공간이 없으면, 카페를 이용해도 괜찮습니다. 북적한 카페는 서로 의견을 나누기에 시끄러울 수 있어서 담당교사가 교회 근처에 조용한 카페를 미리 물색해 놓는 것이 좋습니다. 요즘에는 단체석을 예약할 수 있는 카페가 있고, 북카페나 스터디카페처럼 1인당 사용료를 내고 세미나실을 대여할 수 있는 장소가 곳곳에 많습니다. 교회의 사정에 맞게 모임에 적합한 곳을 선정하길 권합니다.

저는 지난해에 한 번 교회 밖에서 독서모임을 진행한 적이 있습니다. 『어디서 살 것인가』(유현준)라는 책을 읽고 모였을 때였습니다. 우리가 살아가는 일상 속 공간의 의미와 건축에 관한 흥미로운 사례가 많은 내용이라서 그날은 특별히 우리의 모임 공간도 변화를 주려고 학생들이 좋아하는 빙수 카페로 갔습니다. 경건한 교회에서 벗어나 맛있는 간식도 먹으니 평소보다 화기애애한 분위기였습니다. '어떤 공간이 우리를 행복하게 만드는가?'라는 논제를 가지고 각자 좋아하는 공간에 대해 신나게 수다를 떨었던 기억이 납니다. 내성적인 사람이 다수라서 그런지 '내 방에 혼자 있을 때가 가장 좋다'는 의견이 많았고, 시골 할머니 댁을 꼽은 학생도 있었습니다.

손님이 많지 않은 시간대였고 적당한 백색소음이 흐르는 환경이라 토

론하기 좋았습니다. 책 이야기만 하지 않고, 자연스럽게 학생들의 수학여
행에 대한 기대와 설렘, 진로에 대한 고민 등 다양한 이야기가 쏟아져나
왔습니다. 독서모임의 장소는 우선 가장 편한 공간으로 한 곳을 정하되,
기분전환 삼아 가끔 다른 공간에서 해도 괜찮을 듯합니다.

지역 도서관, 독립서점에서

가까운 지역 도서관도 좋습니다. 도서관 내 공간을 이용하면 모임도 하고
독서 관련 프로그램 정보도 쉽게 얻을 수 있습니다. '독립서점'이라고 곳
곳에 생겨난 작은 동네 서점에서도 독서모임 공간을 제공하는 곳이 있습
니다. 각 지역의 도서관 홈페이지나 동네 서점 SNS를 통해 자세한 정보를
얻을 수 있습니다.

온라인 독서모임

온라인 독서모임에 대해 들어보셨나요? 쉽게 말하면, 오프라인 모임의
반대입니다. 다른 사람과 직접 만나지 않고 않고 비대면으로 인터넷 공간
에서 모여 책에 관한 이야기를 나누는 겁니다. 저는 2020년 올해 처음으

로 온라인 독서모임의 존재를 알게 됐습니다.

이 글을 쓰는 지금은 정부 방침에 따라 교회의 현장 예배와 모든 모임이 중단된 상태입니다. 누구도 예상치 못했던 코로나19(COVID-19 · 코로나바이러스감염증)가 세계를 강타했기 때문입니다. 서로 간의 접촉을 최소화해서 감염 확산을 막기 위해 전 국민이 사회적 거리두기를 실천하고 있고, 공립학교는 개학을 세 차례나 연기했습니다. 학교 개학일에 맞춰 교회 예배나 모임도 재개되지 않을까 기대하고 있었는데, 이렇게 마냥 기다리다가는 독서모임을 언제 할 수 있을지 기약이 없겠다는 생각이 들었습니다.

아이들을 만나고 싶은 마음이 굴뚝같지만, 시국이 시국인지라 대안을 생각한 것이 '온라인 독서모임'이었습니다. 학교나 학원에서는 이미 온라인 수업을 시작한 상태이고, 기업체에서도 재택근무하는 직장인들은 화상회의가 일상이 되었습니다.

독서모임도 온라인으로 하는 겁니다. 인터넷을 검색해 보니 코로나19 사태가 발생하기 전부터 바쁜 직장인들을 위한 카톡 독서모임, 화상 독서모임 등의 온라인 모임이 진행되고 있었습니다. 모니터에 자료 화면을 띄워 공유해서 발제문을 발표하고, 인상적인 구절을 필사한 사진을 공유하고, 화상채팅으로 낭독도 하고 토론하는 등 다양한 방식으로 이루어지고 있습니다.

대한민국 네티즌들은 사용방법부터 장단점까지 너무나 친절하고 상세한 후기를 남겨 놓아서 어떤 툴을 이용해야 할지 고민이 될 정도였습니다. 저는 기계치라서 걱정이 많았는데 다른 교회 순장으로 섬기는 동생이 매주 순모임을 온라인으로 진행한다고 해서 도움을 받았습니다.

온라인 회의나 원격 협업에 이용하는 다양한 화상회의 앱을 이용했습니다. 예전에는 자주 끊기고 화질이 좋지 않았는데 최근 나온 앱은 사용하기 아주 편리하다고 합니다. 스마트폰과 컴퓨터로 시뮬레이션을 해서 사전에 화질과 음질 상태가 어떤지 꼭 확인해야 합니다. 저는 시스코 웹엑스 미팅(Cisco Webex Meetings)이라는 앱을 사용했는데 사용법이 매우 간단했습니다. 지난 6월까지 제한시간 없이 무료로 이용 가능했습니다. 호스트(리더)만 가입해서 계정을 만든 후 미팅방을 만들어 멤버들에게 링크를 공유하여 동시 접속하면 됩니다. 호스트가 컴퓨터를 사용할 경우, 화면 공유 기능이 있어서 자료를 모두 함께 볼 수 있고, 내용을 녹화할 수 있는 기능이 있어서 좋았습니다. 모임에 필요한 내용을 PPT파일로 만들어서 띄워놓고 하면 보기 좋고 편리합니다. 앱마다 동시 접속 인원이 다르고, 유료 또는 제한된 시간에 무료로 사용하는 앱 등 특징이 다르므로 리더가 사용하기 가장 편한 앱을 선택해서 사용하면 됩니다.

온라인 독서모임을 진행 해 보니, 라디오 디제이(DJ)가 된 기분이었습니다. 온라인 독서모임은 장점과 단점이 있습니다. 장점으로는 첫째, 시간과 장소의 구애를 받지 않는 모임을 할 수 있습니다. 공간을 초월해서 스마트폰이나 노트북만 있으면 어디서든 만날 수 있습니다. 집에서 입는 편한 복장 그대로 모임에 참여할 수 있습니다. 모임 장소를 마련하고 장소까지 이동하는 시간과 노력을 아낄 수 있습니다. 둘째, 상대방의 말에 온전히 집중할 수 있습니다. 집중하기 때문에 더 깊고 진지한 대화도 가능한 것 같습니다. 셋째, 저처럼 발표 울렁증이 있는 사람은 청중이 눈앞에 없기 때문에 편안하게 이야기할 수 있습니다.

단점으로는 학생들을 직접 만나지 못하는 아쉬움이 가장 컸습니다. 함께 맛있는 간식을 먹을 수 없고, 사소한 눈빛과 미세한 표정 변화, 보디랭귀지를 관찰할 수 없는 단점이 있습니다. 잠시 내용을 정리하고 생각하느라 몇 초가 흐르면 온라인 공간 접속에 이상이 있는 것처럼 느껴질 수 있어서 침묵을 허락하지 않는 단점도 있습니다.

온라인 독서모임에 이용할 수 있는 앱 & SNS

시스코 웹엑스 미팅 (Cisco Webex Meetings)
줌 (zoom)
구글 미트 (Google Meet)

짓시 미트 (Jitsi meet)

스카이프 (Skype)

위챗 (WeChat)

스무디 (Smoothy)

마이크로소프트 팀즈 (Microsoft Teams)

카카오톡 단체톡방, 라이브톡, 그룹콜

네이버밴드 라이브

인스타그램 라이브방송

유튜브 라이브방송

모임 빈도와 시간

모임 빈도와 시간은 독서모임 초창기에 교사회의를 통해 정했습니다. 책을 선정한 후, 구매해서 배포하고 책 한 권을 완독하는 기간을 고려했을 때 모임 빈도는 월 1회가 좋다고 결론지었습니다. 매달 마지막째 주 주일에 모이기로 정하고, 상황에 따라 유동적으로 일정을 조정했는데 학생들이 책 읽을 시간이 부족한 중간ㆍ기말 고사 기간, 수능 시험 기간을 제외했더니 1년에 6~7회 모였습니다. 학교 동아리는 더 자주 모여서 책을 같이 읽기도 하고, 분량을 나눠서 진행하는 걸로 알고 있습니다. 학생들이 자주 모이고 싶다고 하면 학생들의 의견을 최대한 반영해서 진행하는 것이 좋습니다. 학생들의 수준과 상황에 맞게 책 한 권을 챕터로 나누어 읽고 주 1회 모여도 좋습니다. 담당교사는 학생들이 날짜를 알고 있더라도 반드시 모임 일주일 전, 하루 전에는 사전공지를 해 주기를 권합니다.

코로나19처럼 한 치 앞을 예측할 수 없는 일이 일어나기도 합니다. 모일 수 없다는 사실을 다들 알고 있지만 이럴 때도 꼭 학생들에게 모임이 연기된다는 사실을 공지해야 합니다. 사태가 진정될 때도 마찬가지로 학생들에게 의견을 묻고 날짜를 정합니다.

모이는 날짜는 상황에 따라 바뀌었지만, 항상 주일날 모이고 시간대는 고정적이었습니다. 저희 교회는 고등부 예배가 오전 10시에 시작되고, 반별 공과모임이 오전 11시 40분경에 모두 마칩니다. 그래서 저희는 11시 50분부터 12시 50분까지 1시간 동안 모임을 가집니다. 그날 모임 분위기나 상황에 따라 더 길게 할 때도 있지만 시계를 보고 1시까지는 마치려고 합니다.

세부 순서와 시간은 아래와 같이 진행했습니다. 굉장히 빡빡하게 보이죠? 사실 이렇게 진행하면 항상 시간이 부족한 느낌이 듭니다. 성인들과 대화할 때보다 말도 좀 빨리합니다. 학생들의 사정과 인원에 따라서 여유가 있다면 2시간 정도 토론하는 것이 적당한 것 같습니다. 저도 고등부 학생들이 시간 여유가 있다면 더 오래 하고 싶은 마음이 굴뚝같습니다.

독서모임 진행 순서의 예

시간	내용
11:50 – 12:00	시작 기도, 책 소개 및 저자 소개
12:00 – 12:30	각자 인상 깊었던 점 발표, 4–5개 질문 중심으로 토론, 교사 조언
12:30 – 12:40	책과 모임에 대해 한줄평(총평) 쓰기
12:40 – 13:00	다음 모임 일정과 도서 선정, 마무리 기도

예산 확보하기 ✒

너희 중의 누가 망대를 세우고자 할진대 자기의 가진 것이 준공하기까지에 족할는지 먼저 앉아 그 비용을 계산하지 아니하겠느냐 그렇게 아니하여 그 기초만 쌓고 능히 이루지 못하면 보는 자가 다 비웃어 이르되 이 사람이 공사를 시작하고 능히 이루지 못하였다 하리라_눅 14:28 – 30

예산을 세우기 전에 알아 둘 점

교회학교의 독서모임은 열심히 하겠다는 열정만 갖고 할 수 있는 것이 아닙니다. 독서모임을 공식적으로 운영하기까지 준비가 필요합니다. 우선, 담당교사가 실질적인 계획을 세우고 준비할 때, 담당 교역자와 다른 교사들의 동의와 협의를 거쳐야 합니다. 나는 좋다고 생각하지만, 반대하는 분들이 있을 수도 있습니다. 그럴 때는 그분들의 의견을 충분히 존중해서 듣고 차분히 설득하는 과정도 필요합니다. 담당 교역자와 다수의 교사가 반대하는 경우에는 굳이 독서모임을 강행하지 않길 바랍니다. 조금 더 기도로 준비하고 하나님의 때를 기다리길 권합니다.

만약 독서모임을 비공식적인 친목 모임처럼 운영한다면, 담당교사가 쉽게 모든 걸 알아서 진행하고 예산은 멤버들에게 십시일반 회비를 걷어서 운영하면 됩니다. 그러나 교회학교 독서모임은 엄연히 교회 학생들과 교회의 공간을 사용하고 교회 예산을 사용하기 때문에 어떻게 운영할 것인지, 예산은 어느 정도 필요할지 구체적으로 소속 부서에 공유할 필요가 있습니다. 그리고 어떤 활동을 했는지도 간단한 보고서를 작성해서 교사 월례회 시간에 공유합니다.

일반 기업에서는 필요한 물품을 구입하거나 어떤 프로젝트를 투자할 때 심사숙고해서 사업기획서와 예산안을 올립니다. 교회에서 이루어지는 사역도 마찬가지라고 생각합니다. 오히려 교회의 예산은 성도님들의 귀한 헌금을 사용하는 것이니 더욱 투명하고 신중하게 계획하고, 감사하는 마음으로 사용해야 한다고 생각합니다.

교육부서에서는 보통 연말에 새해 사역 계획과 예산 계획안을 짜 놓습니다. 부서 전체 예산이 해마다 동일하고, 사역도 변동이 없으면 크게 신경 쓰지 않아도 됩니다. 하지만 교회학교 학생 전체 인원이 줄어서, 또는 당회 차원에서 집중해야 하는 사역이 생기는 등 여러 가지 사정으로 교회학교에 편성되는 예산이 줄어들 때가 있습니다. 담당 교역자와 사역 내용에 변동이 생길 때도 있습니다. 따라서 예산을 계획하기 전, 담당 교역자와 부장집사님과 협의해서 1년간 사용할 수 있는 금액이 어느 정도인지도 파악하는 것이 좋습니다. 부서에 편성된 예산 금액이 아주 풍족하고 여유로운 경우에는 우선적으로 도서 구매 비용을 100% 책정하길 바랍니다. 그 외 비용은 자체적으로 계획하면 됩니다.

처음에 저희 교회 고등부 독서모임은 2년 전 '독서동아리'로 시작했습니다. 학생들에게 설문지를 돌려서 선호도 조사를 통해 선정한 6개의 동아리를 1년간 운영했습니다. 영화동아리, 중창동아리, 여행동아리, 체육동아리, 연극동아리, 독서동아리가 있어서 공평하게 예산을 나눠서 편성했습니다. 현재는 가장 활동이 활발했던 독서모임과 영화모임만 남아 있습니다. 그런데 고등부 전체 사역 예산이 2년 전보다 줄었기 때문에 독서모임의 예산을 늘릴 수가 없었습니다. 다른 사역과의 형평성을 고려하여 다음과 같이 예산안을 정했습니다.

1년에 모임 횟수는 6~7회, 인원은 6명으로 예상했습니다. 책값은 총금액의 50%를 지원하거나 중고서적을 구매하기로 했고, 간식비는 1인당

4천원으로 책정했습니다.

독서모임 예산안의 예

1) 도서구매비 50% (권당 1만 원 예상, 50%는 학생 본인 부담 또는 중고서적 구입)

   ₩ 5,000 X 6명(학생) X 6회 = ₩ 180,000

2) 간식비

   ₩ 4,000 X 7명(교사+학생) X 6회 = ₩ 168,000

총 ₩ 348,000

도서 구매 시 유용한 팁

위와 같이 금액을 책정하면, 모임 1회당 예산이 약 5만 원 정도 나옵니다. 교사는 책값을 본인이 부담했습니다. 어떤 책을 선정하는지에 따라 저렴한 책도 있고 두껍고 비싼 책도 있을 겁니다. 저희 모임 특성상 분량이 300쪽 이상의 두꺼운 책은 거의 안 읽기 때문에(또는 2회에 걸쳐 진행) 책값은 대부분 2만 원을 넘지 않습니다. 오프라인 서점에서 구매해도 되지만, 더 저렴하게 사기 위해 자주 사용하는 온라인 서점을 두 군데 정도 정해두고 가격을 비교해서 구매합니다.

저는 결제할 때 적립된 포인트와 각종 제휴카드의 포인트를 다 끌어서 쓰는 편입니다. 구매 외에도 포인트를 모으는 방법이 있습니다. 제가 이용하는 온라인 서점은 구매한 책에 대해 1년 이내 리뷰나 한줄평을 쓰면 포인트가 적립됩니다. 리뷰는 150자 이상, 한줄평은 50자 이하로 모니터링을 거쳐 승인된 2일(영업일 기준) 후에 포인트가 지급됩니다. 리뷰의 경우 일반회원은 300원, 마니아회원은 600원이 지급되고, 한줄평은 일반회원 50원, 마니아회원 100원이 지급됩니다. 저는 마니아회원이라 차곡차곡 쌓으면 구매할 때 꽤 보탬이 됩니다. 우수리뷰로 선정되면 현금처럼 쓰는 포인트를 3만원 받습니다. 저는 포인트를 기대하고 쓴 건 아니었는데 우수리뷰로 선정되어 그 포인트를 사용해서 책을 또 사고 포인트를 쌓은 적이 있습니다. 다시 한 번 강조하지만 이 책에서 권하는 인원이나 장소와 관련해서 정답이 없듯이, 예산도 정답은 아닙니다. 각 교회의 형편에 맞게 하면 됩니다.

독서모임 활동 계획서

1. 독서모임의 목적 및 장점

1) 독서를 통해 건전한 정서를 함양하고, 규칙적인 독서 습관을 기를 수 있다.
2) 다양한 생각을 나누며 생각 정리, 말하기/듣기 훈련을 할 수 있고 생각의 폭이 넓어진다.
3) 책과 연결시켜 기독교적 세계관을 배우고 삶에 적용할 수 있다. 신앙 서적이 아닌 경우 에도 적절한 수용과 비판을 통해 그리스도인의 삶에 적용할 부분을 함께 나눌 수 있다.
4) 책 속의 다양한 인물을 통해 타인의 감정에 공감하고 더 나아가 다른 사람을 이해하며, 자기 자신에 대해서도 잘 이해할 수 있다. 더불어 우리가 사는 세상에서 일어나는 현상을 함께 고민하고, 신앙적/인격적으로 성장할 수 있다.
5) 책을 통해 고등부 공동체 안에서 교사, 학생이 친교할 수 있다.

2. 독서모임 운영

1) 활동 시간 : 매월 마지막 주일 공과 시간 끝난 후 11:50AM ~ 12:50PM
2) 월 1회(2월-11월), 1권 선정하여 읽는다.
3) 활동 장소 : 교육관 지하1층 선교위원회실에서 한다.
4) 회원 : 1,2,3학년 6~7명
5) 담당교사 : 조은정
6) 도서 선정: 학생의 의견을 반영하여 선택한다. 학생들의 수준에 맞고 다양한 생각을 나눌 수 있는 300쪽 이하의 책으로 정한다. 300쪽 이상의 책은 2개월에 걸쳐 진행한다.
7) 모임을 담당하는 교사나 학생은 미리 자료를 준비하고 모임을 인도한다. 초반에는 교사가 모임을 인도하고, 중반부터 도서를 추천한 학생이 직접 모임을 인도한다.
8) 진행방식은 진행자가 준비한 질문에 대한 생각이나 경험 나누기, 찬반토론, 독서감상문 발표, 등장인물에게 편지 쓰기, 한 줄 광고 카피로 표현하기, 마인드맵, 서평 쓰기 등 다양하게 할 수 있다.

3부.

매력 있는
독서모임 만들기
꿀팁

심플한 첫 만남 🖋

SNS 단체대화방 개설하기

독서모임을 열심히 홍보하고 학생들의 신청서를 받고 나면 가장 먼저 할 일은 신청서에 적힌 연락처를 모아서 단체대화방(단톡방)을 개설하는 것입니다. 이 단톡방은 온라인에서 우리의 첫 만남이라고 할 수 있습니다. 멤버들을 다 초대한 다음, 첫 모임에 대한 공지사항을 올립니다.

> 안녕하세요!
> 저는 ○○교회 고등부 독서모임 담당 ○○○ 선생님입니다.
> 반가워요! 모든 공지사항은 이 방에 올릴게요.
>
> 1. ○월 ○일 주일날 공과공부 마친 후 선교위원실에서 잠시 모여 같이 첫 번째 책을 정하고 다음 모임 날짜도 함께 정할거예요~
> 2. 함께 읽고 싶은 책을 각자 1권씩 생각해 와서 최종 선정하면, 제가 책을 구입해서 ○월 ○일에 배포해드리겠습니다~
> 3. 독서모임 이름도 뭐하면 좋을지 생각해 오세요!

저는 지난해 활동 사항도 공유했습니다. 만나서 무엇을 할 것인지 학생들에게 미리 알리고 마음의 준비를 하고 오라는 뜻이죠. 대화방의 공지사항 메뉴에도 같은 내용을 등록합니다. 주중에 이렇게 한 번 올리고, 모임

하루 전 토요일에 한 번 더 알려 줍니다.

"내일 독서모임 모이는 거 잊지 마세요! 시간 되면 같이 밥도 먹어요~."
이렇게 반복해서 공지하면 아무리 건망증이 심한 학생이라도 모임 일정
을 깜박하는 경우가 없습니다.

KISS 법칙을 기억하세요

공지사항으로 올린 내용의 1번에서 '잠시'라는 단어를 써서 짧게 모인다
는 것을 강조했습니다. 첫 모임은 책을 선정하기 전 오리엔테이션이라고
할 수 있습니다. 이날 길고 장황한 이야기는 절대 금물입니다. 학생들에
게 이런저런 당부하고 싶은 말은 너무 많지만, 자제합니다. 첫날부터 말

이 길어지면 지루한 인상을 줄 수 있기 때문입니다.

'토크쇼의 제왕', '토크계의 전설'이라 불리는 미국의 앵커, 래리 킹(Larry King)은 자신의 저서 『대화의 법칙』에서 대화로 상대방의 마음을 여는 다양한 방법을 제시합니다. 위대한 연설가들이 지킨 법칙도 소개하는데 바로 'K-I-S-S 법칙'입니다. 많이 들어 보셨죠? 이 법칙은 대화, 연설, 디자인, 글쓰기 등 여러 분야에서 통하는 법칙이기도 합니다. 일반적으로 두 가지 의미로 해석될 수 있습니다.

> **Keep it simple & stupid.** (단순하게, 그리고 머리 나쁜 사람도 알아듣게 하라)
> **Keep it short & simple.** (짧고 단순하게 하라)

멤버들과 처음 만나는 날도 이 법칙을 지키는 것이 좋습니다. 공지사항에서 얘기했던 것만 하고 마치면 됩니다. 독서모임이라는 이름의 공동체로 처음 모였으니, 감사기도로 시작합니다. 그리고 담당교사(또는 리더)부터 자기소개를 하고 나서 돌아가면서 자기소개를 합니다. 교회에 오래 다니면 자기소개를 해야 할 때가 많습니다. 새로운 사람을 만나고 어떤 모임을 가든 반드시 하는 통과의례이기도 합니다. 성격에 따라 이 시간이 부담스럽고 어색한 사람도 있습니다. 사실 제가 그렇습니다. 저를 아는 학생들도 있고 모르는 학생들도 있기 때문에 제 이름과 책을 좋아한다는 점만 짧게 얘기합니다. 학생들이 자기소개할 땐 학년과 이름을 듣고, '독서모임에 온 이유'를 물어봅니다. 나에 대해 무엇을 어떻게 소개할지 고민할 필요 없이 아주 간단하죠.

Q. 고등부 학생들이 독서모임에 오는 이유

"책을 잘 안 읽다가 최근 읽게 됐는데 혼자 읽는 것보다 같이 읽고 얘기하면 더 좋을 것 같아서요."

"책을 평소에 안 읽는데, 필요성을 느끼는 중에 독서모임을 하면 도움될 것 같아서요."

"책을 별로 안 보는데 읽고 싶어서요."

"혼자 읽는 것보다 같이 읽으면 더 잘 읽을 수 있을 것 같아서요."

"책을 좋아하고 작년에 모임 해 보니 좋아서요."

독서모임에 문을 두드린 학생들은 대부분 평소에 책을 즐겨 읽지 않는 학생들이었습니다. 내심 책을 읽고 싶었는데, 책과 가까워지는 방법의 하나로 독서모임을 택한 것이었습니다. 고등학생 뿐만 아니라 우리 주변에도 독서 고수보다는 독서 초보가 많을 겁니다. 따라서 독서모임을 운영할 때에도 제자훈련이나 신학적 지식을 습득하는 등 특별한 목적의 독서모임이 아니라면, 독서 고수의 눈높이보다는 독서 초보에 맞추는 것이 좋습니다.

도서를 선정할 땐 일단 학생들이 생각해 온 책을 각자 말하고 담당교사도 추천도서를 함께 얘기합니다. 학생들이 추천하는 책을 우선으로 칠판에 제목을 적고 다수결로 도서를 선정했습니다. 저는 학생들이 각자 읽고 싶다고 한 책은 최대한 반영해서 1년 동안 다 진행하려고 합니다. 학생들도 각자 나름대로 고민해서 생각해 온 책인 걸 알기 때문이죠. 본인이 권한 책으로 토론할 땐 더 적극적으로 참여하기도 합니다.

독서모임의 이름을 정할 때는 동아리 이름을 정하듯이 아이들이 좋아하고 부르기 쉬운 이름으로 정합니다. 모임 이름도 마찬가지로 학생들의 의견을 무조건 따르려고 했는데 저희 교회 학생들은 이름에 대해선 아무도 의견이 없었습니다.

"그냥 '대청교회 고등부 독서모임' 할래?"

"네!".

사실 저도 딱히 떠오르는 이름이 없었는데 따로 이름 없이 '대청교회 고등부 독서모임'으로 만장일치 통과됐습니다. 성향에 따라 모임 이름을 중요하게 여기는 학생도 있고 그렇지 않은 친구도 있을 겁니다. 학생들의 의견을 잘 조율해서 작명하기 바랍니다.

모임 날짜를 정할 때, 방학 기간에는 개인 사정 외에는 특별히 고려할 부분이 없습니다. 애초에 계획했던 대로 월 1회, 정해진 주일에 만나면 됩니다. 그러나 학기 중에는 상황이 달라집니다. 특히, 올해는 코로나바이러스로 인해 대한민국 역사상 전례 없던 개학 연기라는 변수가 생겼습니다. 교회의 모든 일정도 변동이 생겨 독서모임도 자연히 미뤄졌죠. 또 학교마다 시험 기간이나 학교의 특별행사 기간이 겹치지 않게 조율하는 것이 좋습니다. 다음 모임 날짜까지 정한 후, 질문이나 건의사항을 받고 기도 후 바로 모임을 마무리하면 됩니다. KISS 법칙을 기억하고 진행하면 첫 모임은 20분 내에 끝납니다. 토론 시간도 아닌데 길게 끌어버리면 첫 인상이 좋게 남지 않습니다.

사실 학생들을 처음 만날 때 제가 가장 중요하게 생각하는 건 식사 교제입니다. 저는 밥 먹을 때 웬만하면 교회 식당보다는 학생들을 데리고 밖으로 나갑니다. 주일날 교회 식당에 가면 이동하기는 편하지만, 한꺼번에 몰려드는 교인들로 붐비고 편안하게 대화하기 어려운 분위기입니다. 바로 앞에 있는 사람의 목소리가 잘 들리지 않을 때도 있죠. 그럴 땐 말하는 사람도 힘들고 듣는 사람도 신경을 곤두세워야 해서 집중하기가 힘듭니다. 그래서 시간 여유가 되는 학생들을 데리고 나가서 가까운 분식집이나 식당에서 밥을 같이 먹습니다. 평소 담임을 맡은 학생들을 심방하듯이 학생들과 밖에서 밥을 먹으면 좀 더 가까워집니다. 학생들이 최근에 어떤 책을 읽었고 학교에서는 어떤 동아리 활동을 하는지, 책 관련 모임을 했던 경험이 있는지 등 자연스럽게 학생들의 관심사나 취향도 파악할 수 있습니다. 그때부터 우리는 멀리서 보던 다른 반 선생님, 다른 반 학생이 아니라 '우리 독서모임 학생'과 '우리 독서모임 선생님'의 관계가 됩니다.

첫 모임(오리엔테이션) 순서

시작기도
자기소개 (학년, 이름, 독서모임에 온 이유)
도서 선정하기
독서모임 이름 짓기
다음 모임 날짜 정하기
마무리기도
(+ 식사 교제)

실질적으로 두 번째 만나는 날, 본격적인 독서모임이 시작됩니다. 모르는 사람을 만날 때 첫인상이 중요하다고 합니다. 첫인상은 찰나에 결정되지만 그 영향은 오래갑니다. 또, 한번 각인된 첫인상은 나와 친밀한 관계가 형성되어야 바뀔 수 있다고 합니다. 『첫인상 3초 혁명』(카밀 래빙턴)이란 책도 있습니다. 이 책에선 3초 만에 첫인상을 결정할 정도로 첫인상을 강조합니다. 첫인상보다 더 중요한 건 그 3초를 위한 준비입니다.

저도 이 말을 실감한 적이 있습니다. 고등부 학생들과 독서모임을 시작한 후, 다른 곳에서는 독서모임을 어떻게 하는지 궁금했습니다. 독서모임 관련 책을 보고 이야기를 듣는 것만으로는 부족했습니다. 마침 동네 작은 도서관에서 매주 독서토론모임이 있다는 소식을 접했습니다. 평일 저녁 시간이었고, 선정도서가 당시 인상 깊게 읽은 책이라 꼭 가 봐야겠단 생각이 들었습니다. 며칠 후 모임 시간이 되어 작은도서관에 갔더니 아담한 세미나실 안에 일곱 명 정도 모여 있었습니다. 조용한 공간과 무료 커피를 제공한 부분은 마음에 들었습니다. 교수님이라고 불리는 리더 한 명과 저를 제외한 구성원이 주부님들이었습니다. 정해진 형식 없이 자유롭게 발언하고 싶은 사람이 일상의 경험을 나누는 분위기였습니다. 선정도서가 '공감'에 대한 내용이라서 그런지 다들 공감을 잘해 주셨습니다.

그런데 문제는 그 모임을 마치고 나서 집에 와서 드는 생각이 '다음에는 안 가야겠다'였습니다. 저는 그 독서모임에서 뭔가 배워서 우리 독서모임에 적용하고 싶어서 갔지만 머릿속에 남는 건 한 주부님의 고부갈등과 자녀 문제밖에 없었습니다. 물론 비슷한 경험을 하신 분들이 있어서 공감대를 형성해 주셨고 그분은 마음껏 넋두리하며 답답했던 속이 시원해졌을지도 모르겠습니다. 다른 분의 이야기는 전혀 생각나지 않는 건 왜일까요?

첫째, 저의 소심하고 소극적인 성격 때문입니다. 그날 한 시간 넘게 저는 입도 뻥긋 못하고 집에 왔습니다. 참석자 중에 저만 시어머니와 자녀가 없는 소외감을 느꼈습니다. 책을 완독했고 분명히 뭔가 하고 싶은 말도 생각해서 갔던 것 같은데 용기 있게 치고 들어가지 못했다고 할까요. 한마디 하려고 하니 시간이 늦어서 모임이 끝났습니다. 그 속에서 새로운 이야기를 꺼내려면 저로선 대단한 용기가 필요했을 겁니다. 낯선 사람 앞에서 말하는 것도 떨리고 긴장되는데, 굳이 그렇게 감정적으로 무리하고 싶지 않았습니다. 그래도 집에 와서 아쉬워하고 후회하기 보다는 적극성을 발휘하는 것이 낫다고 생각합니다.

둘째, 냉정하게 말해서 진행자의 준비가 부족하지 않았나 싶습니다. 진행자는 전체적인 모임의 순서와 형식을 미리 계획하고 준비해야 합니다. 그러나 그날 모임에서는 참석자들에게 자유롭게 맡겨 버렸기 때문에 토론 주제 없이 산만해졌습니다. 너무 말이 많아서 시간을 독점하는 사람과 저처럼 소극적인 사람 사이에서 객관적으로 통제하고 관리할 필요성이 있었습니다. 짧게라도 참여자 모두에게 동등하게 발언 기회를 주고, 발언 분량도 균등하게 배분하도록 노력해야 합니다.

셋째, 참석자의 배려 부족입니다. 독서모임에 열정을 갖고 적극적으로 발언하는 것은 전혀 문제없습니다. 하지만 몇몇 사람들의 발언이 길어져서 다양한 의견을 듣지 못한다면 그건 친목모임이지 독서모임이 아닙니다. 자기 이야기를 하고 나면 다른 사람을 배려해서 의견을 묻고 존중해 주는 태도가 필요합니다. 독서모임은 말 잘하는 사람들만을 위한 모임이 아니니까요.

부담 없는 분위기 조성하기

교회 고등부 독서모임에 오는 학생들은 대다수가 독서 초보입니다. 책읽기도 서툴고 독서모임도 낯선 경험입니다. 이런 학생들에게 첫 모임에서 좋은 인상을 남기려면 담당교사(또는 리더)가 모임의 형식과 시간 계획까지

사전에 철저히 준비해야 합니다. 교회에서 새신자를 맞이할 때 새신자의 입장을 배려하는 것과 마찬가집니다. 우선, 학생들을 만날 때는 항상 밝은 표정과 단정한 옷차림을 갖추도록 합니다. 새신자가 교회에 처음 왔을 때 만나는 사람들의 이미지가 그 교회의 첫인상에 큰 영향을 주는 것처럼 독서모임을 담당하는 교사도 학생들에게 긍정적인 이미지를 심어 줄 수 있어야 합니다.

모임을 진행할 때는 참석자 중 한 사람도 소외되지 않아야 합니다. 모두에게 발언할 기회를 균등하게 제공하고, 참석자들도 서로 존중하고 배려하는 마음을 가져야 합니다. 장소는 모임에 대한 호감도 형성에도 중요한 요인이기 때문에 편안하고 아늑한 분위기를 조성하도록 합니다. 적당한 조명과 소음 정도, 온도(냉난방 시설)를 미리 점검합니다.

완독에 대한 강박 내려놓기

완독(完讀): 글이나 책 따위를 끝까지 모두 읽음. [국립국어원 표준국어대사전]

학생들이 가진 우려 중 하나가 '책을 끝까지 읽어 낼 수 있을까?'입니다. 독서 고수는 걱정할 필요가 없지만 독서 습관이 갖춰지지 않은 학생들은 책 읽는 속도가 느리고 집중력도 떨어집니다. 어떤 책은 취향이 맞지 않아서 진도가 안 나갈 때도 있습니다. 그런데 본인이 완독을 해 오지 않으면 모임에 와서 다른 사람에게 피해를 주지 않을까, 내 시간이 낭비되는 건 아닐까 걱정합니다. 이들의 부담을 덜어 주려면 책읽기에 흥미를 느끼고 독서모임에 익숙해질 때까지 기다려 주어야 합니다. 첫술에 배부를 수 없습니다. 급하게 먹는 밥은 체할 수 있습니다. 완독을 권유하되, 강요해서는 안 됩니다. 완독하지 않아도 참석하는 것 자체로 의미가 있다고 생각합니다.

평범한 '대한민국 고등학생'은 책 읽을 시간이 부족하다는 점을 고려해야 합니다. 초,중학교 때와는 비교할 수 없이 물리적으로 해야 할 학업량이 늘어납니다. 학생들은 밤늦게까지 너무 바쁩니다. 주일 아침 일찍 일어나 예배 나오는 것도 힘든 아이들이 많습니다. 독서모임 멤버들은 그런 빡빡한 일상에서 시간을 쪼개어 책을 읽어 오는 겁니다. 그렇기 때문에 어쩌면 모든 학생이 완독하는 건 교사의 욕심일지도 모릅니다.

독서모임의 기본은 완독이므로 구성원 모두가 무조건 완독을 해야 한다고 하는 모임도 있습니다. 사실 독서모임에서 완독을 해 오는 건 중요합니다. 전원이 완독을 하면 토론이 풍성해지고 적극적으로 참여할 수 있습니다. 하지만 사람마다 책 읽기 스타일이 다릅니다. 필요에 따라서 발

췌독을 하는 사람도 있고 속독을 하는 사람도 있습니다. 또, 어떤 사람에게는 그 책이 어렵게 느껴질 수도 있습니다.

"제가 열심히 안 읽어서 그런 걸 수도 있어요."

"깜박하고 있다가 읽을 타이밍을 놓친 것 같아요."

이렇게 자책하는 학생이 있습니다. 책을 다 못 읽어 왔다고 해서 그 사람을 탓하지 않았으면 좋겠습니다. 독서는 인내심 테스트가 아닙니다. 목사님이나 교사들 중에도 같은 내용을 쉽게 잘 풀어 주는 분이 있고, 어렵게 전달하는 분들이 있습니다. 주일마다 전 성도가 목사님의 설교를 처음부터 끝까지 하나도 놓치지 않고 집중해서 다 듣는 건 아닐 겁니다. 그러나 각자의 마음에 성령님이 역사하시는 대로 은혜를 받습니다. 예배의 자리에 가는 것만으로 은혜받을 때도 있죠.

독자가 책을 읽다가 어렵다고 느낄 땐 여러 가지 이유가 있습니다. 한 예는 그 책의 글쓰기 방식이 독자에 대한 배려가 없을 때입니다. 말을 너무 어렵게 쓰는 거죠. 책이 어려워서 가독성이 떨어질 땐 독자 탓을 하는 게 아니라, 저자를 탓해야 합니다. 본인에게 어렵다고 생각되는 책은 필요한 부분만 선택적으로 읽어도 괜찮습니다. 문학의 경우 맨 뒤에 있는 해설부터 읽고 시작하면 내용을 이해하는 데 도움이 됩니다.

그리고 독자의 취향과 안 맞는 책도 있습니다. 저자의 글과 독자의 취향이 항상 맞아떨어질 수 없습니다. 독자가 예상했거나 기대했던 책이 아닌 책을 만났을 땐 억지로 다 읽을 필요가 없습니다. 디자인이 마음에 들어서 옷을 샀는데 막상 입어 보니 이 옷은 내 몸에 맞지 않는 느낌이 들 때가 있잖아요.

독서모임은 또 다른 형태의 책 읽기

독서모임에서는 어차피 처음부터 끝까지 책을 세세하게 파헤칠 수 없습니다. 책을 분석하는 목적이 아니라, 생각을 나누는 것이 목적이기 때문입니다. 핵심주제나 참석한 구성원에게 의미 있는 부분을 위주로 토론합니다. 내가 책에서 지나쳤던 부분은 다른 사람의 입을 통해서 들을 수 있습니다. 다 읽어 온 사람은 책을 두 번 읽는 효과를 얻는 겁니다. 꾸준히 다른 사람의 생각을 듣기만 해도 우리는 지식과 지혜를 얻을 수 있습니다.

1학년 때 독서모임에 왔던 황세현 학생은 평소 책을 즐기는 학생이 아니었습니다. 시간이 나면 축구를 하거나 게임을 하던 학생이었습니다. 제 기억에 세현이는 1년 동안 책을 완독한 적은 없지만 독서모임에 빠지지 않고 참석했습니다. 올해 대학생이 된 세현이에게 최근 연락해 보니 6권 짜리 장편소설을 읽고 있다고 했습니다. 시간이 남을 때 다른 걸 하지 않고 스스로 책을 읽고 있다는 사실에 마음이 뿌듯했습니다. 저는 세현이에게 고등부 때 했던 독서모임이 어떤 도움이 됐냐고 물어봤습니다.

"책을 읽을 기회가 생겨서 좋았던 것 같아요. 다양한 책을 접해 본 것도 좋았어요."

일단 본인이 책 자체를 접하고, 평소 관심 없던 책을 접해 본 자체가 이 학생에게 긍정적인 경험이었던 겁니다. 독서모임이 책에 대한 좋은 기억

을 안겨 주었기 때문에 대학에 가서는 스스로 책을 들게 되지 않았나 싶습니다. 이런 경험이 지속적으로 쌓이면 우리의 내면이 풍성해지고 성장할 수 있습니다. 책을 완독하지 못해도 이 모임에 참여하는 것만으로 기대 이상의 즐거움과 만족감도 느낄 수 있습니다. 독서모임에서 토론한 후에 호기심이 생겨서 남은 분량을 흥미롭게 읽을 때도 있습니다. 우리가 영화를 보러 갈 때 인터넷 검색으로 네티즌들의 리뷰를 참고해서 가는 경우도 많으니까요. 그러니 학생들이 완독하지 못해도 독서모임에 참석하는 것이 시간 낭비라고 생각하지 말길 바랍니다.

교사는 칭찬 부자, 리액션 부자되기

칼이 되었던 선생님의 말씀

성인이 된 지금까지도 평생 강렬하게 남는 건 학교 선생님들이 했던 날카로운 말들이었습니다. 초등학교 5학년 때 서예 시간이었습니다. 붓글씨를 썼는데 손이 떨려서 글자가 삐뚤빼뚤한 모양이었습니다. 담임선생님께서 보시더니 이렇게 말씀하셨습니다.

"너는 글씨를 발가락으로 썼나?"

당연히 저는 손으로 썼습니다. 서툴고 못 썼다는 말을 비유적으로 하신 말씀인 것 같았습니다. 저는 그 말을 듣고 가슴이 철렁 내려앉는 기분이었습니다. 너무 부끄러웠지만, 고개를 숙이고 친구들과 선생님 앞에서 울지 않으려고 애썼습니다. 그때 기억 때문에 다시는 붓글씨를 쓰기 싫었습니다.

고등학교 때는 턱걸이 성적으로 간신히 특목고에 갔는데 1학년 때 방황을 많이 해서 성적이 하위권이었습니다. 2학년 새 학기에 담임선생님과 첫 면담을 하는 시간, 성적표와 제 얼굴을 교대로 보며 하신 첫 마디가 이랬습니다.

"생긴 건 안 그렇게 생겨서 성적이 왜 이렇노?"

가뜩이나 자신감 없고 의기소침했던 사춘기에 그런 말을 듣고 '이제부터 정말 열심히 해야지!'라고 결심하는 학생은 흔치 않을 겁니다. 저는 그 해 내내 선생님을 증오했고 선생님과 눈이 마주칠 때마다 기분이 나빴습니다.

못을 박은 자리는 못을 빼내도 그 자국이 남습니다. 지우려 애써도 깨끗하게 사라지지 않죠. 선생님께서는 무심코 하신 말씀이었겠지만 어린 마음에는 그 말이 비수가 되어 성인기의 자존감에 영향을 끼쳤습니다. 저는 칭찬에 인색한 집에서 자랐습니다. 중학교 때까지 성적이 상위권이었고 운동을 잘해서 반 대표로 교내 체육대회에 나간 적도 있고, 한창 끼 많던 시절엔 사람들 앞에서 노래나 춤도 곧잘 보여 주곤 했습니다. 그런데 왜 칭찬받은 기억이 없을까요? 유아기 사진을 보면 외할머니와 친척들의 사랑을 받았던 흔적은 있는데 자아정체성이 발달하는 청소년기부터는 어른으로부터 따뜻한 위로 한마디, 어깨가 으쓱해지는 칭찬 한마디를 들은 기억이 없습니다. 30대 후반까지도 자존감이 바닥이었던 제가 몇 년 전 어머니께 물은 적이 있습니다.

"엄마는 왜 나한테 칭찬을 안 해줬어요?"
"교만해질까 봐."

이유는 심플하죠. 그럴 수 있습니다. 잘하는 건 당연한 거고 실수하거나 못하는 것만 지적받았습니다. 직장에서 꼼꼼하다는 소리를 듣고, 에니어그램(Enneagram) 성격 진단 테스트에서 '완벽주의자'기질로 나오는 저는 늘 제가 못난 사람이라 생각했습니다. 저는 한동안 제가 세상에 쓸모없는 존재 같았고 제 자신이 너무 싫었습니다(물론 지금은 하나님 은혜로 만족하고 감사하며 살고 있습니다).

그래서 제가 고등부 교사가 되며 결심한 것 중 하나가 사소한 것도 '칭찬해 주자!'였습니다. 어떤 성취를 하지 않아도, 아이들의 머리끝부터 발끝까지 칭찬하려고 합니다. 뭐든 칭찬하면 여학생들은 대놓고 좋아하고, 남학생들은 좀 쑥스러워하지만 좋아하는 건 똑같습니다.

학생들은 토요일에 새 옷을 사면 주일날 교회에 처음 입고 옵니다. 십대 시절은 자기에게 어울리는 패션이 무엇인지 아직 모르기 때문에 유행에 민감하고 다양한 스타일을 시도합니다. 새로운 시도는 딱 보면 티가 납니다. 그때 학생들의 변화에 관심을 갖고 반응해 주는 겁니다.

"옷 샀어? 멋지다. 정말 잘 어울린다."

"오늘 분위기 진짜 화사하다."

"신발 예쁘네."

토요일에 미용실 가서 머리를 하고 처음 선보이는 곳도 교회입니다. 헤어스타일이 바뀐 것도 알아봐 주는 거죠.

"머리 했어? 요즘 유행하는 머리네. 잘 어울린다."

"아이돌 같다. 배우 ○○○ 닮았다."

"머릿결 너무 좋다. 파마 잘 나왔네."

"앞머리 너무 예쁘다."

등등 오글거리는 멘트도 막 던집니다. 그러면 평소 아무리 표정이 굳어 있던 아이라도 사소한 칭찬 한마디에 씨익 웃거나 "감사합니다"라고 반응합니다.

교회 고등부 체육대회를 마치고, 단체로 삼겹살집에 갔습니다. 같은 테이블에 앉은 1학년 남학생이 두꺼운 고기를 능숙하게 잘 자르고 구웠습니다. 이름을 물어보고 칭찬했습니다.

"현빈아, 너 고기 진짜 잘 굽는다. 난 고기 잘 굽는 사람 멋지더라.

잘 구워서 더 맛있네. 요리도 잘하지?"

이건 진심입니다. 전 고기 잘 굽는 사람이 부럽습니다. 이렇게 칭찬해 주니 집에서 자주 한다며 더 열심히 굽습니다. 다음번에 복도에서 마주쳤을 때는 "고기 잘 굽는 현빈이, 안녕!" 하고 인사했습니다. 교사들은 장점

찾기, 칭찬하기가 습관이 되면 좋겠습니다.

가끔 제가 생각만 했거나 시간이 없어서 직접 해 주지 못한 칭찬은 집에 가서 카톡이나 SNS에 들어가서 반드시 전합니다. 학생이 애쓰고 노력을 쏟아서 칭찬받을 만한 행동을 했을 때는 교회에서 칭찬을 해 주고 집에 가서 개인 카톡이나 단톡방에서 또 칭찬해 주기도 합니다.

올해는 처음으로 독서모임 홍보 포스터를 학생에게 맡겼습니다. 평소 그 학생의 SNS를 보니 PPT나 캘리그래피 등 디자인에 재능이 있는 친구였습니다. 하지만 디자인을 전공하는 학생도 아니고, 한창 공부하느라 바쁜 고3이라 부담스럽지 않을까 했는데 흔쾌히 해 주겠다고 했습니다. 부탁해 놓고도 괜히 공부를 방해한 건 아닐까 싶고 필요한 기한 내로 완성할 수 있을지 걱정되어 기도하며 기다렸습니다. 완성된 포스터는 우리 독서모임의 성격에 딱 맞는 포스터였습니다. 포스터를 받아 보고 잘했다고 폭풍 칭찬을 해줬습니다. "네가 만든 홍보 포스터 덕분에 좋은 멤버들이 들어온 것 같다"고 칭찬하고 따로 만나서 밥도 사줬습니다. 그 친구는 독서모임에 자신이 기여했다는 보람과 성취감을 느꼈을 겁니다. 실제로 올해 멤버를 모집할 때 그 포스터의 힘이 컸을 거라고 생각합니다.

칭찬을 자주 해 주면 선생님도 그 학생을 더 잘 기억하고, 그 학생도 선생님을 더 친근하게 느낄 수 있습니다. 꼭 독서모임에서 만날 때가 아니더라도 평소 만날 때나 심방할 때, 함께 식사할 때 아이들을 유심히 관찰하고 칭찬거리를 찾아서 꼭 칭찬해 주세요. 아이들에게 진심 어린 관심과 애정을 갖는 순간, 칭찬거리들이 나타납니다.

십 대 중에는 진로를 두고 고민하는 아이들이 많습니다. 너무 당연하죠. 아직 세상 경험이 부족하고 특출난 재능을 드러내는 아이는 소수에 불과하기 때문에 진로를 결정하지 못한 경우가 대다수입니다. 학창시절 선생님의 칭찬으로 아이들은 자신이 무엇을 잘하는지 알 수 있고, 때로는 자기 재능에 대해 불안할 때 확신을 갖고 믿음으로 그 길을 걸어갈 수 있습니다.

긍정적 반응은 관심과 지지의 표현

리액션도 마찬가집니다. 십 대들에게는 과할 정도로 리액션해도 괜찮습니다. 누구나 인정욕구가 있습니다. 칭찬받고 싶고 누군가에게 인정받고 자신에 대한 긍정적인 반응을 확인하고 싶어합니다. 칭찬을 아끼지 마세요. 아이들에게 칭찬 조금 해 준다고 쉽게 교만해지지 않습니다. 사랑에 목마르고 칭찬에 갈급한 아이들이 더 많습니다. 아이들은 이미 학교에서, 세상 속에서 비교당하고 위축되고 자책할 일이 산더미 같거든요.

개선하거나 수정해줄 부분이 있을 때도 먼저 칭찬으로 기분을 좋게 한

다음에 말씀해 주세요.

"이런 점은 좋은 발상인 것 같다.
이걸 조금 짧게 줄이면 더 깔끔할 것 같아."
"네가 어떤 마음으로 그런 행동을 하는지 이해한다.
하지만 조금만 노력해서 다르게 해 보는 건 어떨까?"

아이들은 자신에게 애정을 표현하고 자기가 좋아하는 사람이 하는 말
을 수용합니다. 독서모임에서 자신의 고민이나 마음을 꺼내놓으려면 용
기가 필요합니다. 학생들이 독서모임에서 그런 이야기를 하려고 할 때,
최대한 학생의 이야기에 집중해 주고 반응해 줘야 합니다. 좋은 일에는
함께 기뻐하고, 힘든 일은 함께 아파하고 공감해 주어야 합니다.

"맞아. 정말 좋은 생각이다."
"그런 생각도 할 수 있겠구나."
"우와, 정말?"
"그래서 어떻게 됐는데?"
"그때 마음이 어땠어?"

"좀 속상했겠다. 힘들었겠다."

"그래도 해냈으니 대단하다."

"너무 고생했다. 진짜 수고 많았어."

"멋지다! ○○이 덕분에 든든하다."

적극적으로 표현해 주세요. 처음엔 어색하지만 계속하면 자연스러워집니다. 즉석에서 약간의 순발력도 필요합니다. 얼른 뭐라고 반응해야 할지 표현이 떠오르지 않거나 말로 하기 쑥스러우면 문자로 해 주세요. 요즘에는 귀여운 이모티콘이 많습니다. 평소 무뚝뚝한 사람도 이모티콘으로 대신 표현할 수 있습니다. 소소한 칭찬, 애정 표현 한마디 못 하겠다고 하는 분은 청소년 사역에 대해 진지하게 고민해 보셨으면 좋겠습니다.

선생님이 공감하고 긍정적인 말을 자주 해 주면 아이들은 힘을 얻습니다. 어려운 일을 두려워하지 않고 도전하는 용기도 생깁니다. 가끔 선생님이 하는 부탁도 잘 들어 주고 선뜻 선생님을 도와주고 기도해 주기도 합니다. 먼 훗날 아이들이 십 대 시절을 회상할 때, '선생님은 내게 상처를 줬어'가 아니라 '선생님은 칭찬과 격려를 아끼지 않은 분이었어'라고 기억될 수 있으면 좋겠습니다.

이렇게 하면 재미없다 🖋

십 대들이 예배 참석 외에 교회에서 봉사나 기타 활동을 하는 이유는 '재미'가 있거나, '의미'가 있어야 합니다. 어른들처럼 복잡하지 않습니다. 취향이나 친구 따라 하는 건 '재미'에 속하고, 자신의 발전과 성장을 위해서 하는 건 '의미'에 해당합니다. 둘 중 한 가지를 택하라고 하면, 아마 열에 아홉은 재미를 택할 겁니다. 여러분의 십 대 시절을 떠올려보세요. 나는 참 재미없고 하기 싫었던 일을 지금 아이들에게 강요하고 있지 않은지 말입니다. 아무리 의미 있는 일이라도 십 대들은 재미가 없으면 금방 싫증 내기 쉽습니다. 저는 독서모임에서 재미와 의미, 두 마리 토끼를 다 잡기 위해 늘 고민합니다. 어떤 때는 너무 깊이 고민하고 미리 걱정해서 재미없어지는 때도 있습니다.

아이들은 단순합니다. 독서모임이 재미없는 대표적인 이유는 선정한 책이 재미없기 때문입니다. 독서모임 첫해에 나왔던 한 학생에게 독서모임에서 마음에 안 들었던 점을 물어봤습니다. 솔직히 말해도 된다고 했습니다.

Q. 독서모임 할 때 좀 개선하고 싶었던 점은?

음... 책 내용이 좀 지루해서...

지금 와서 생각해 보면 지루했던 책을 꾸역꾸역 읽어 준 학생에게 미안하고 고마운 마음이 듭니다. 아마 이 학생만 느낀 부분은 아니었을 겁니다. 그때 책을 완독해 온 비율이 가장 낮았으니까요. 초창기에 저희 독서모임은 담당교사가 세 명이었고 다들 열정이 넘쳤습니다. 어떻게든 학생들에게 좋은 책을 추천해서 교훈과 감동을 주고 싶었습니다. 어쩌면 지나친 열정이 독이었던 것 같습니다. 교사들이 각자 열심히 책을 조사하고 고르고 골라서 함께 모여 최종 후보 도서 목록을 정하고 난 후, 아이들에게 투표하라고 했습니다. 학생들에게 선택권을 주는 것처럼 보이지만, 사실 교사가 정해 놓은 틀 안에서 수동적으로 참여했던 겁니다.

청소년 필독서로 대표되는 고전과 위인전 중에는 성인이 되어 읽으면 더 큰 교훈과 감동을 주는 책이 많습니다. 아마 어느 정도 인생의 굴곡을 경험했기 때문에 크게 공감하는 것 같습니다. 교사들이 정했던 도서가 그랬던 것 같습니다. 고전은 시대를 초월한 감동과 보편적 가치에 대한 깨달음을 줍니다. 삶에 대한 성찰을 필요로 하고 철학적인 메시지가 담겨 있습니다. 반면 십 대 청소년들은 최신 정보와 트렌드에 민감하고 가벼운 대화에 익숙합니다. 자신의 경험과 연관되지 않으면 공감하기 어려울 수 있기 때문에 신간을 선호하는 경향이 있습니다.

"외국의 훌륭한 소설들, 오랜 기간 읽혀 온 고전은 위대하고 반드시 읽어야 한다는 생각이 있었어요. 그런데 지금의 세대들은 그런 인식에서 자유로운 거 같아요...(중략)...요즘 세대는 BTS세대잖아요. 이미 우리가 가진 걸로 전 세계적 성공을 이뤄낸 걸 보고 자랐죠. '내가 경험하지 않았는데 좋은 작품이라고 하니 읽어야 한다'는 생각이 없는 것 같아요."

민음사 문학팀 박혜진 편집자

민음사 문학팀의 박혜진 편집자의 분석에 따르면, 젊은 세대가 고전을 찾지 않는 이유는 요즘 밀레니얼 세대의 특징 때문이라고 얘기합니다. 집단보다 개성이 존중되는 세대이며, 세계가 열광하는 아티스트 방탄소년단을 보고 자란 세대입니다. 이들은 옛날 사람이나 다른 나라의 경험을 통해 교훈을 얻기보다, 지금의 이야기 그리고 나의 가치관과 정체성을 드러내고, 나의 경험과 고충 등을 표현하는 글을 좋아한다고 합니다. 오히려 자신의 이야기를 대변해 주는 작품과 작가에 대해서는 열렬한 팬덤을 형성하기도 합니다. 내가 좋아하는 작가, 좋아하는 책을 이야기하는 것에서 그치지 않고 여러 권을 사서 지인들에게 선물하거나 다양한 굿즈를 구매하는 추세라고 합니다.

전쟁의 고통, 분단으로 인한 아픔, 극한 상황에서 역경을 극복한 스토리, 연인 간의 사랑 등의 주제는 지금 청소년들이 경험하는 삶과 동떨어져 있기 때문에 공감하기가 쉽지 않습니다. 철없던 저의 십 대 때 그런 책을 읽으라고 했다면 저도 아마 끝까지 읽기 힘들었을 것입니다. 그 밖의 이유로는 출판계 특성상 과거에 고전이라고 하는 작품들은 서구 중심적이며 서양에서 화제가 되었거나 전쟁 등 논쟁거리가 되었던 내용이 대다수라 공감하기 어려운 부분도 있다고 합니다.

어느 정도 독서의 내공이 쌓인 학생이라면 괜찮지만 교사가 보기에 훌륭한 책이라도 독서 초보들에게는 그저 재미없는 책 한 권이 될 수 있는 거죠. 그렇다고 선정적이고 아무 교훈 없는 흥미 위주의 책을 정할 수는 없습니다. 교사는 학생들에게 가이드라인 정도만 제시하는 것이 좋습니다.

교사의 일방적인
주입식 교육은 그만!

"라떼는 말이야"

이런 말 들어보셨죠? 달라진 시대를 받아들이지 못하고 과거의 경험에 머물러 종종 '나 때는 말이야'라고 말하는 기성세대의 언어를 풍자하는 말입니다. 그래서 되도록 안 쓰려고 노력하는 말이지만 저도 모르게 이 말이 튀어나올 때가 많습니다. 교회 학교 분위기도 많이 달라진 터라 교사들 사이에서도 "우리 때는 안 이랬는데"와 같은 이런 말을 자주 듣게 됩니다. 복음의 진리는 영원히 변치 않습니다. 그러나 시대와 세대가 달라지면 교회도 방식에 있어서 변화해야 한다고 생각합니다.

세상은 21세기인데 교회는 20세기에 머물러 있다는 말을 들은 적이 있습니다. 20세기 청소년들은 댄스그룹에 열광했지만 21세기 청소년들은 랩퍼에 열광합니다. 지금 청소년들은 기성세대가 살았던 세상과 완전히 다른 세계에 살고 있습니다. 그런데 교회학교는 예나 지금이나 비슷합니다. 예배시간에 앉아서 목사님의 설교 말씀을 듣고 또 반별로 공과 공부 시간에 선생님의 말씀을 듣습니다. 선생님이 공과 교재에 나온 질문을 하면, 아이들은 답을 맞힙니다. 답이 틀리면 선생님이 정답을 알려 주는 식이었습니다. 저처럼 소심한 아이들은 답이 틀릴까 봐 입을 꼭 다물고 있을 때가 많습니다. 그래도 요즘 교재를 보면 정답보다 다양한 답이 나올 수 있는 질문이 늘어서 다행인 것 같습니다. 학생들이 틀려도 되고, 스스로 생각할 여지를 줍니다.

총신대학교 기독교교육과 김희자 교수님이 발표한 〈교회 교육구조 진단 및 분석에 관한 연구〉 논문에 의하면, 성장하고 있는 주일학교의 특징으로 세 가지를 제시합니다. 첫째, 교육지도자의 전문화, 둘째, 특화된 전도프로그램, 셋째, 짜임새 있는 교육프로그램을 갖추고 있다고 합니다. 학생을 대상으로 동아리를 운영하거나 학생 주도의 봉사활동, 제자훈련, 큐티 생활화 등 커리큘럼도 탄탄했다고 합니다. 동아리 활동과 독서모임이 이런 프로그램의 좋은 사례가 될 수 있다고 생각합니다. 20년 전과 똑같은 교회학교는 십 대들에게 매일 가는 학교보다 더 지루한 학교가 될 뿐입니다. 이유 없이 교회를 떠나는 청소년 대다수는 교회가 재미가 없기 때문입니다. 선생님에게는 솔직하게 재미없다고 말을 못할 겁니다. 그 시간에 학원에 가면 부족한 학업이라도 보충할 수 있기 때문에 대다수 학생들은 교회보다 학원이 우선입니다.

21세기 교회학교는 일방적인 가르침만 강조할 게 아니라, 학생들의 흥미와 필요도 채워 줄 수 있는 곳이 되면 좋겠습니다.

믿음은 들음에서 나며 들음은 그리스도의 말씀으로 말미암았느니라_롬 10:17

맹목적인 믿음, 맹목적인 순종을 요구하는 시대는 지난 것 같습니다. 다음 세대의 신앙은 합리적이고 스스로 납득할 수 있는 신앙이어야 합니다. 물론 신앙은 이성만으로 설명할 수 있는 것도 아닙니다. 신앙적인 사고는 영성과 이성이 조화를 이루어야 합니다.

그런데 믿음이 생기려면 먼저 말씀을 들어야 합니다. 말씀의 능력이 우리를 변화시킵니다. 많은 그리스도인이 매주 말씀을 듣지만 삶이 변하지 않는 이유는 왜일까요? 성품이 변하지 않고 행동이 변하지 않는 이유는 왜일까요?

예배당 문을 나서는 순간, 들은 말씀이 머릿속에서 사라지는 일이 다반사입니다. 하나님께서 왜 저 사람은 변화시켜 주시고, 이 사람은 그대로 두실까요? 수동적으로 듣는 것에서 그치면 안 됩니다. 말씀을 묵상해야 합니다. 읽고 스스로 질문하고, 생각하고, 기록하고, 성찰하고, 결단해서 적극적으로 실천하는 순종의 단계까지 가야 합니다.

독서모임에서는 이 과정을 훈련할 수 있습니다. 혼자서 하기는 어렵지만 함께하면 가능합니다. 꾸준히 할 수 있고 서로 자극도 되고 격려가 됩니다.

정답은 없다

독서모임에서 교사가 주의할 점은 교사의 생각을 주입해서는 안 된다는 것입니다. 교사가 학생들보다 인생을 조금 더 살았다고 해서, 책을 더 꼼꼼하게 읽었다고 해서 교사의 생각을 강요해서는 안 됩니다. 정답을 말하도록 강요해서도 안 됩니다. 교사가 원하는 답이 나올 때까지 유도하는 것도 삼가야 합니다. 학생들의 사고력과 창의성을 억제하기 때문입니다. 설령 학생이 뭔가 잘못 알고 있거나 틀린 사실이라고 해도 일단 자유롭게 말할 수 있게 해야 합니다. 다른 학생들의 생각을 들어보고 스스로 깨닫게 해 주는 것이 가장 좋습니다.

보통 시험에는 정답이 있습니다. 그러나 독서모임에는 정답이 없습니다. 같은 책을 읽어도 저마다 인상 깊게 읽은 부분이 다릅니다. 토론의 핵심은 다양한 생각을 나누는 데 있습니다. 내 생각이 전부가 아니라는 것, 답이 여러 개가 될 수 있다는 것을 기억할 때 우리는 타인을 이해하고 사고의 폭이 넓어질 수 있습니다.

글쓰기는 공포의 독후감 대신
한줄평부터 시작하기

책 읽는 습관이 생기고 많이 읽다 보면, 어느 순간부터 책을 읽은 후 감상과 생각을 글로 표현하고 싶은 날이 옵니다. 대다수 작가들이 어린 시절 책벌레였습니다. 어떤 책을 읽고 인상 깊었다면 생각을 머릿속에만 담아 두기가 아쉬울 때가 있습니다. 사람들은 그때 넘치는 생각을 기록하여 남깁니다. 더 나아가, 나만 알기 아깝다는 마음이 들 때 다른 이들과 공유합니다. 저는 좋은 책을 읽었을 때 노트에 필사하는 습관이 있습니다. 블로그를 만든 후부터 블로그에 필사를 했고 나중에는 서평을 쓰는 취미가 생겼습니다. 읽기가 자연스럽게 쓰기로 이어졌습니다. 요즘은 각종 SNS와 블로그 등 글쓰기의 통로가 다양하기 때문에 작가가 아니라도 자기 글을 쓰는 사람들이 많습니다.

독후활동 중 가장 대표적인 것이 독후감입니다. 그런데 학창시절, 학교에서 시키는 독후감은 쓰기 싫었습니다. 책 읽는 건 좋은데 독후감 쓰기는 늘 억지로 했던 것 같습니다. 왜 독후감 쓰는 것이 싫었을까요? 여러 가지 이유가 있겠지만 대표적인 이유는 '강제성'때문이었던 것 같습니다. 내가 읽고 싶은 책이 아닌, 학교에서 정해 주는 책을 읽어야 했고, '200자 원고지 0장'이상이라는 정해진 분량이 있었습니다. 제출하면 평가도 받아야 하니 편하게 쓸 수 있는 글이 아니었습니다. 다른 독서모임 중에는 의무적으로 서평이나 독후감을 제출하는 곳도 있습니다. 독후감을 쓰면 책의 내용을 곱씹으며 생각을 정리할 수 있는 장점이 있습니다. 기록으로 남기는 가치도 있습니다.

저희 교회 고등부 독서모임은 처음부터 독후감을 안 쓴다고 못 박았습니다. 멤버들 중에 독서 초보가 많고, 대한민국 고등학생은 절대적으로 시간이 부족하기 때문입니다. 책 읽는 습관도 아직 자리 잡지 않은 상태에, 독서 시간도 부족한데 독후감까지 쓰라고 하면 독서모임에 대한 진입 장벽이 높아질 것입니다. 어쩌면 어린 시절 저처럼 책 읽을 때부터 독후감에 대한 부담을 갖고 읽는 학생도 생길 것입니다. 책 자체에 집중하고 자유롭게 사색해야 하는데 동시에 독후감에 무슨 내용을 쓸지 고민하면서 읽게 됩니다. 독서 습관이 자리 잡히기까지는 학생들이 책 읽기 자체를 즐겼으면 하는 바람입니다. 그래서 저희 교회 독서모임은 지금도 공식적으로 독후감을 쓰지 않고 있습니다.

독후감 대신 짧은 글쓰기

독후감을 안 쓴다고 해서 글쓰기를 전혀 하지 않는 건 아닙니다. 1부 '교회에서 독서모임을 해야 하는 이유'에서 언급했듯이 짧은 글쓰기 연습을 하고 있습니다. 바로 '한줄평(총평)' 쓰기입니다. 사실 매번 하지는 못했고 중반부터 가끔 했습니다. 온라인 도서 사이트에 들어가 보면 책마다 독자들이 남기는 별점과 50자 이내 한줄평이 있습니다. 긴 리뷰를 읽을 여유가 없는 사람은 별점과 한줄평을 참고하기도 하죠. 한줄평은 그 책에 대해 압축적으로 표현하기 때문에 책을 소개하는 광고 문구 같은 느낌도 있습니다.

총평은 토론을 마친 후 그 자리에서 바로 쓰게 합니다. 학생들에게 책에 대한 평가를 하고, 그 책에 대한 독서모임을 한 소감을 솔직하게 몇 문장으로 써 보라고 하는 겁니다. 한 권의 책을 즉석에서 짧게 표현하라고 하면 보기엔 쉬운 것 같아도 글쓰기가 익숙지 않은 학생에게는 쉽지 않습니다. 머릿속에서 생각이 정리되어 핵심내용이 순간적으로 떠올라야 표현할 수 있기 때문입니다. 잘 쓰는 학생도 있지만 바로 쓰지 못하는 학생도 있습니다. 그럴 땐 억지로 시키지 말고 그냥 넘어가 주어도 괜찮습니다. 학생마다 성향이 다르고 속도가 다르니까요.

선정도서 「경영학 콘서트」(장영재)

별점 ★★★☆☆ 3   경영에 대해서 천재가 평범한 사람을 위해 쉽게 풀어놓은 듯한 책. 경영에 대해 이해할 수 있다.

별점 ★★★★☆ 3.8   이 책을 읽고 나서 경영에 수학적·공학적 요소가 어떻게 활용될 수 있는지 알 수 있었다.

별점 ★★★☆☆ 3.5   경영에 수학과 과학을 적용한 넷플릭스 등등 가치 창출과 수익으로 연결되는 흥미로운 사례들이 많았다. 하지만, 9년 전 출간된 책이라 업데이트 해야 할 부분이 필요해 보인다.

선정도서 『아몬드』(손원평)

'아몬드'라는 책을 들어는 보았지만 딱히 읽을 기회가 없었는데 독서모임을 통해 읽게 되어 좋았다. 내용에서 느낀 점은 내가 책 속 인물 중 하나였다면 어떻게 행동했을까, 만약 살다가 그러한 상황이 온다면 간접체험하지 않았을까 생각해 본다.

다양한 생각을 나눌 수 있어 좋았다. 다음에는 내용 위주의 책보다는 생각을 많이 요하는 책을 선택했으면 좋겠다—선생님 준비하시느라 수고하셨어요.

책을 읽고 자신의 생각을 말하고 남의 이야기를 들으면서 생각의 폭이 좀 더 커지는 것 같아서 좋았다.

아몬드의 작은 윤재를 통해 우리 사회에 이런 아이들이 있을 수 있음을 알게 되었고 또 감정을 제대로 소통하지 못하는 아이를 지켜보고 도와주는 심박사 같은 사람이 되어야 겠다고 생각했다. 곤이와 윤재 같은 아이가 있을 때 처한 상황을 이해하고 받아주며 진단해 줄 수 있는 전문성을 키워야겠다고 생각했다. 아이들의 나눔을 통해 서로의 생각과 경험을 알 수 있는 소중한 기회였다.

선정도서 『어디서 살 것인가』(유현준)

건축으로 시대를 바라볼 수 있다는 것을 알았고 모임을 통해 그런 생각들을 정리할 기회가 되었다(남들이 어떤 눈으로 보는지도 알 수 있었다).

이번 책도 저번 책이랑 비슷하면서 새로웠다. 건축이라는 우리 생활 속에 익숙한 주제를 정말 다양한 관점으로 설명하고 풀이해 주어서 즐겁게 읽었던 것 같다.

평소에 공간에 대해 별다른 생각이 없었는데 이 책을 읽고 생각해 볼 수 있었던 것 같다.

책을 읽지 못한 상태에서 모임을 한 것이 아쉬웠고 평상시 크게 신경쓰지 않던 '공간'이라는 것에 대해 생각해 보게 되었다. 두 차례에 걸친 모임을 통해 다른 사람이 생각하는 '공간'과 내가 생각하는 '공간'에 대한 생각을 나눌 수 있어 좋았다.

공간에 대한 흥미로운 사실을 많이 알게 되었고, 아이들의 다양한 생각을 들을 수 있어서 즐거웠다. 공간을 바꾸어서 모임했을 때 분위기가 더 좋았다. 책을 통해 나누면서 일상의 삶과 신앙, 영적상태도 점검할 수 있었다.

학생들이 총평을 쓰는 시간에는 교사도 함께 써 보길 바랍니다. 다 쓴 후, 각자 돌아가면서 본인이 쓴 내용을 읽게 합니다. 총평은 주관적인 생각이기 때문에 쓴 내용에 대해 피드백이나 평가를 하지 않고 공유하는 것만으로 충분합니다. '이런 생각을 했구나.'정도로 파악하고 다음 모임에서 보완하는 거죠. 집에 가서 총평을 쓴 메모지를 사진으로 찍어서 단톡방에 공유해 주셔도 좋습니다.

개인 **활동 일지**

한줄평(총평)에서 조금 더 발전한 형태의 글쓰기로 '개인 활동 일지'가 있습니다. 눈에 보이고, 손에 잡히는 결과물이 하나 있으면 좋겠다는 생각에 올해부터 개인 활동 일지 쓰기를 시작했습니다. 개인 활동 일지는 학교에서 수행평가를 치르듯이 평가의 목적으로 하는 것이 아니므로 잘 쓰고 못

쓰는 건 중요하지 않습니다. 학생들이 느낀 그대로 최대한 솔직하게 쓰도록 유도합니다. 보여 주기식 과제가 되어서는 안 됩니다. 책을 읽은 후 스스로 생각을 정리하고 내용을 되새기는 활동입니다. 개인 활동 일지 쓰기는 글쓰기 연습을 하는 동시에 독서모임에서 함께 토론할 주제를 미리 생각해 볼 수 있습니다. 독후감보다 훨씬 부담이 덜하다는 장점도 있습니다.

저도 블로그에만 남기던 기록을 개인 활동 일지에 써 보았습니다. 1부에서 소개한 학생들의 후기 중 '친구들보다 인생의 연륜이 있는 선생님들과 함께 생각을 나눌 수 있어서 좋았다'는 의견이 있었습니다. 저는 교사나 모임 리더도 함께 개인 활동 일지를 써 보고 학생들과 공유하는 게 좋다고 생각합니다. 교사가 솔선수범해서 쓴 다음 단톡방에 공유하는 겁니다. 교사도 너무 수려한 문장이나 어휘를 구사하지 않아도 됩니다. 평소에 SNS나 블로그에 쓰듯이 편안하게 쓰면 됩니다. 그렇게 하면 학생들이 활동 일지를 어떻게 쓰면 되는지 교사의 활동 일지를 참고해서 아이디어를 얻을 수 있고, 교사의 생각을 학생들과 자연스럽게 나눌 수 있습니다. 같은 책을 읽고도 생각이 얼마나 다른지 알 수 있습니다.

이처럼 짧은 글쓰기, 평가가 없는 글쓰기를 꾸준히 하다보면 글쓰기에 대한 두려움도 없어집니다.

독서모임 개인 활동 일지 양식

날짜		학년 · 이름	
도서명			
저자		분야	

1. 인상 깊은 구절이나 장면과 그 이유

2. 이 책을 읽고 내가 실천할 수 있는 일 또는 생각의 변화(깨달음)

3. 이 책을 읽고 친구들에게 하고 싶은 질문

독서모임 개인 활동 일지

날짜	2020년 5월 1일	학년 · 이름	3학년 조수아
도서명	선량한 차별주의자		
저자	김지혜	분야	사회과학

1. 인상 깊은 구절이나 장면과 그 이유

p.13 차별에 대한 책을 한 권 마치는 이 순간에도 나는 여전히 차별을 잘 안다고 말할 수 없다.
이 문장에 정말 깊게 공감한다. 어쩌면 자신과 다른 것을 배척하는 것은 인간의 본성일지도 모른다는 생각을 요즘들어서 하게 된다. 하지만 그렇기 때문에 더더욱 차별에 대해 경각심을 가져야 하고, 예민하게 반응해야 한다는 생각을 한다. 저자의 '나 자신을 성찰하며 평등을 찾아가는 이 과정이 내가 차별을 하지 않는다는 헛된 생각보다 훨씬 값지다'라는 말에 동의한다. 또한, 이런 노력이 있기 때문에 인간이 사회를 이루고 함께 살아갈 수 있다는 생각이 든다.

p.27 호의와 권리에 대한 이 이른바 '명언'은 불평등한 권력관계를 선명하게 보여 준다.
평소에 이런 말을 하는 사람이 강자고 청자가 사회적 약자라는 것을 생각해 보면 이게 얼마나 시혜적인 말인지 다시 느낄 수 있었다.

p.35 기존에 특권을 가진 사람들에게는 사회가 평등해지는 것이 손실로 느껴질 수 있다는 말이다.
무엇보다 평등을 제로섬 게임으로 인식하고 있다면, 상대의 이익이 곧 나의 손실이라고 생각하게 된다. 이 문장을 곱씹어보면 '역차별'이라는 말이 허상이라는 것이 느껴진다. 소위 말하는 역차별은 사회적 약자가 여태껏 인종, 성별, 출생 지역, 교육 수준, 재산 수준, 장애 여부 등을 이유로 누리지 못하던 권리를 돌려 주는 것이다. 항상 평등과 인권은 '제로섬 게임'이 아니라는 것을 기억할 필요가 있다고 생각한다.

p.123 왜 어떤 집단은 특별히 잘못이 없어도 거부되는데, 어떤 집단은 개별적으로만 문제삼고 집단으로는 문제삼지 않을까?
작년 2학기 말에 친구와 교실에서 '노키즈존'에 대해 대화를 나눠 볼 기회가 있었다. 그리고 생각보다 많은 친구들이 노키즈존이 존재하는 것이 당연하다고 생각하고 있었고, 점주의 당연한 권리라고 생각한다는 것을 알게 되었다. 하지만 이 책에서도 이야기한 것처럼 '진상'손님이 건장한 성인 남성이라거나, 대기업 직원이라고 해서 모든 성인 남성의 출입을 금지하거나, 대기업 직원의 출입을 금지하지는 않는다. 이것은 노키즈존, 노스쿨존, 노장애인존 등이 생기는 것이 그 집단이 사회적 약자이기 때문이라는 것을 보여 준다는 생각이 든다.

2. 이 책을 읽고 내가 실천할 수 있는 일 또는 생각의 변화(깨달음)

인문학 교육, 문학 교육이 점점 중요하다는 생각이 들었다. 문학과 인문학은 타인의 삶을 들여다보고 공감할 수 있도록 도와주는 도구라고 생각한다. 요즘 들어 실용주의적인 학문(주로 이공계열 혹은 경제 금융 분야)만 중시되고 인문학과 문학, 예술의 가치가 폄훼되는 것 같아서 무섭기도 하다. 인문계열 교육과 독서가 어느 때보다도 중요한 시기라는 생각이 든다.

또한 소수자의 목소리에 귀 기울이는 사람이 늘어났으면 좋겠다. 이 책에서 들었던 미국의 몽고메리 버스 보이콧 운동, 장애인 이동권 보장 촉구 시위 등의 사례에서도 보여지듯이 기득권의 소수자들이 하는 시위에 대해서 시혜적인 태도를 보인다. 또한 "꼭 그렇게 시위 해야 해?", "의도는 알겠지만 그래도 법은 지켜야지." 등의 반응도 자주 보여진다. 하지만 나는 이런 생각이 틀렸다고 생각한다. 그들이 그런 방법으로 시위를 한 이유는 그것 외에 방법이 없었기 때문이다. 아마 그들이 말하는 '과격한'방법으로 목소리를 내지 않았다면 분명 이런 문제가 존재한다는 것조차, 그게 문제였다는 것조차 아무도 모르고 지나갔을 것이다. 우리 사회의 많은 사람들이 '시민 불복종'개념을 이해하고 소수자들의 목소리에 귀를 기울여 동등한 사회의 구성원으로 존중길 바란다.

3. 이 책을 읽고 친구들에게 하고 싶은 질문

1. 인권 감수성을 키우기 위해 개인적, 사회적 차원으로 할 수 있는 일?
2. '악법도 법이다'라는 말에 대해 어떻게 생각하는가?

학생을 리더로 세우기 ✒

'매력 있는 독서모임 만들기'의 마지막 팁은 학생을 리더로 세우는 것입니다. 청소년들은 다양한 형태의 소그룹 활동을 이미 경험해 봤을 겁니다. 학교에서는 초등학교 때부터 고등학교까지 동아리 활동을 합니다. 학교 동아리의 경우, 담당교사는 있지만 동아리의 리더는 학생이 맡아서 직접 활동을 계획하고 운영합니다. 교내 동아리뿐만 아니라 연합 동아리는 각 지역 지부 또는 전국적인 네트워크를 통해 공통의 관심사를 가진 다른 학교 친구들과 소통하고 더욱 다양한 활동을 하기도 합니다. 교회에서도 임원 활동을 통해 리더십을 경험합니다. 찬양팀에서는 찬양팀 리더 학생이 찬양팀 모임을 인도할 수 있고, 수련회 소그룹 모임 시간에는 조별 활동을 하며 학생이 조장을 맡아 책임감과 리더십을 기를 수 있습니다.

학생에게 권한과 **자율성 부여하기**

독서모임에서도 학생을 모임의 리더로 세워서 직접 모임을 인도할 기회를 주는 것입니다. 그렇다고 해서 무작정 시키는 것은 아닙니다. 학교에서 독서모임을 많이 해 본 학생이면 모르지만, 아무 준비가 없는 상태에서 학생에게 맡길 수는 없습니다.

우선, 교사가 인도하는 독서모임을 몇 번 경험한 고학년 학생들에게 먼저 모임을 인도해 볼 의향이 있는지 물어봅니다. 본인이 시간이 없고 부담스럽다고 하면 굳이 강요하지 않고, 한 번 해 보겠다고 하면 준비할 시간을 충분히 주고 맡기는 겁니다. 본인이 하고 싶은 방식대로 완전히 자율적으로 맡겨도 좋습니다. 하지만 최소한의 참고자료를 교사가 제공하면 학생의 부담이 덜할 것입니다. 교사가 그동안 모임을 위해서 어떤 자료를 준비했고 어떤 방법으로 준비했는지 상세하게 알려 줍니다. 저는 제가 같은 해에 준비했던 자료를 모두 학생에게 인쇄해서 보여 주었습니다.

따로 불러내서 밥도 사 주고 얘기를 나누어도 좋습니다. 그다음은 그 학생을 위해 기도하며 격려해 주세요.

"부담 갖지 말고, 편안하게 해. ○○이는 잘할 거야."

이날 모임에서는 교사가 리더 학생에게 모든 권한을 확실하게 넘겨야 합니다. 학생을 평가하듯이 이래라저래라 시키지 말고 지켜봐 주어야 합니다. 실수해도 그 자리에서 지적하지 않고 모임이 다 끝난 후에 피드백해 주도록 합니다. 모임 중간에 교사가 자꾸 개입하면 자신감이 떨어지고 집중력도 떨어질 수 있기 때문입니다. 모임의 구성원으로서 교사도 리더 학생의 진행을 따르고, 편안한 마음으로 토론에 참여해 주면 됩니다.

매번 교사가 모임을 인도하다가 학생이 모임을 인도하면 색다른 분위기를 느낄 수 있습니다. 또래 친구가 하니까 내용도 더 신선하게 느껴지고 선생님과 다른 학생들도 평소보다 더 집중하고 경청해 줍니다. 그때 리더 학생은 모임을 준비하느라 수고한 노력만큼 성취감과 자부심을 느낄 수 있습니다. 특히, 리더 학생이 추천한 책을 선정해서 모임을 인도하면 더 효과가 좋습니다. 본인이 추천한 책이기 때문에 그 책에 대한 본인의 관심과 애정도 남다르고, 책임감도 생기기 때문입니다.

믿고 기다려 주세요

학생을 리더로 세울 때 가장 중요한 점은 학생을 믿고 기다려 주는 것입니다. 어쩌면 가장 쉽고도 가장 어려운 일인 것 같습니다. 자녀를 둔 부모님들은 공감할 겁니다. 교사들도 학생들을 아끼고 실수 없이 잘하길 바라는 마음에서 조급해집니다. 자꾸 참견하고 지적하고 싶어합니다. 어른들의 기대를 충족시켜 주면 하는 마음이 있습니다. 하지만 학생들이 조금 서툴고 부족해 보여도 믿고 맡겨 줄 때가 필요합니다. 기도하며 기다려 주는 시간이 필요합니다. 실수하면 어떻습니까? 실수를 통해서도 학생들은 성장합니다. 당장 눈에 보이지는 않아도 학생들이 스스로 뭔가를 시도하고 노력하며 얻는 가치가 분명히 있습니다. 독서모임의 효과는 마술쇼처럼

'짠'하고 금방 나타나지 않습니다. 시간이 흐른 후, 변화가 일어나고 성장으로 나타납니다. 학생이 독서모임을 인도할 때도 마찬가집니다. 그날의 모임만큼은 그 학생을 전적으로 믿고 맡겨 주세요.

학생마다 천차만별이지만, 평소 교회 학생들이 선생님에게 어떤 말을 하거나, 약속할 때 한 번에 지키는 경우가 흔치 않습니다. 그럼에도 선생님이 믿고 기다려 주면 언젠가는 약속을 지키고, 변화하고 성장하게 됩니다. 한 번쯤 속아도 괜찮다고 생각하고 다음 기회를 주는 거죠.

선생님이랑 밥 먹기로 약속해 놓고 펑크 낸 적도 한두 번이 아니고, 이런 학생도 한두 명이 아닙니다. 인간적인 마음은 당연히 실망스럽고 속상합니다. 그런데 또 믿어 주고 기다려 줍니다. 왜냐하면 하나님께서 우리한테 그렇게 해 주셨으니까요. 솔직히 하나님께서도 맨날 결단만 하는 우리한테 여러 번 속아 주셨잖아요. 맨날 진심이라고 해 놓고 지키지 않아도 우리를 평생 기다려 주시잖아요. 그런 우리에게 은혜를 주시고 사랑으로 기다려 주시는 하나님이시잖아요.

하나님께서 우리를 기다려 주신 것처럼, 하나님께서 우리를 사랑하신 것처럼 우리도 학생들을 위해 기도하고 기다려 주세요. 잘할 거라고 믿어 주세요. 변화할 거라고 믿어 주세요. 성장할 거라고 믿어 주세요. 믿는 순간에는 다른 의심, 근심, 걱정은 하지 말고 하나님께 맡깁시다. 하나님께서 책임져주실 겁니다.

4부.

이런 책이 좋아요

독서모임을 위한 도서를 선정하는 방법은 다양합니다. 일반적으로 독서모임의 특성과 사정에 따라서 방법이 다릅니다. 연초에 한 해 읽을 책과 모임 일정을 정해서 공지하는 곳도 있고, 그때 그때 모여서 의논하고 정하는 곳도 있습니다. 일반적으로 공공도서관에서 운영하는 독서동아리는 담당자가 한 해를 시작할 때 일 년 동안 읽을 책과 모임 날짜를 미리 정해서 계획안을 공지합니다.

특정한 관심사나 주제를 정해서 모이는 독서모임도 있습니다. 최근 성인 독서모임에서는 자기계발 및 재테크, 인문, 경영, 경제, 심리, 문학, 정치, 철학, 외국어 원서 읽기 등 원하는 주제를 정해서 관련 책을 여러 권함께 읽는 모임이 활발합니다. 가령 자기계발을 정했다고 하면, 직장인의시간 관리, 비즈니스 글쓰기, 스피치, 대인 관계, 동기 부여 습관과 관련된 서적을 정해서 읽고 토론하는 겁니다.

학생 독서모임의 대표적인 예는 중·고등학교에서 운영하는 진로독서동아리입니다. 청소년들의 가장 큰 관심사는 '진로'입니다. 진로독서동아리는 진로와 독서를 연결하는 방식입니다. 진로독서동아리는 독서와 연계된 다양한 활동을 통해 학생들이 진로를 스스로 탐색하고 꿈을 키워 갈수 있습니다. 먼저, 직업심리검사와 직업적성검사, 흥미검사, 상담 등을통해 자신에게 맞는 직업군을 탐색하고 파악합니다. 그다음 본격적인 진로독서활동 계획을 세우는데 단순히 책 읽기에서 끝나는 것이 아니라, 독서와 연결된 다양한 활동을 하는 것입니다. 이를테면, 진로와 관련된 직업이나 인물에 관한 책을 읽은 후에 독후감을 작성하고, 독서 토론을 진행할 수 있습니다. 또, 자신의 장래희망에 관해서 직접 파워포인트를 작성해서 꿈 발표대회를 하고, 동영상을 활용한 꿈 UCC 발표도 합니다. 더 나아가서 해당 직업군에 종사하는 전문가를 초청해서 특강을 진행합니다. 이런 다양한 활동을 토대로 자신이 선택한 직업에 대해 깊이 이해하고 준비할 수 있고, 꿈을 이루기 위해 열심히 공부할 수 있는 동기를 부여할 수 있습니다. 다양한 방식으로 표현하고 발표하는 과정을 통해서 자신감과 자존감도 높일 수 있습니다.

청소년을 위한, 청소년에 의한, 청소년이 정하는 책 🪶

책은 어떻게 정할까?

첫째, '교회'에서 하는 독서모임이라는 특성을 고려해서 담당 교역자가 좋은 기독교 서적을 정해 주는 방법이 있습니다. 특히, 청소년기는 자신의 정체성에 대한 고민과 동시에 신앙에 대한 방황도 시작되는 시기인 만큼 교회학교를 담당하고 학생들의 상황을 잘 아는 교역자가 추천해 주는 것입니다. 신학적으로 너무 수준 높고 깊이 있는 신앙 서적보다는 학생들의 영적인 상태와 독서 수준을 고려해서, 학생들이 읽기 쉽고 그들의 신앙문제에 대해 친절한 길잡이가 되는 책을 선정하는 거죠. 책을 통해 학생들이 가진 신앙적 고민을 해결하고 신앙적 지식도 쌓으며 성장할 수 있습니다.

둘째, 독서모임 담당교사(또는 리더)가 혼자 도서를 정하는 방법입니다. 담당교사는 십 대 청소년들보다 독서경험이 풍부하고 독서에 가장 열정이 많은 사람일 것입니다. 어린 시절부터 최근까지 수없이 많은 책을 읽었겠지만 개인적으로 특별히 기억에 남는 책이나 학생들에게 유익하고 권해 주고 싶은 책이 있을 것입니다. 그런 책들의 목록을 만들어서 순서대로 진행하는 방식입니다. 또는 북큐레이터처럼 특정 상황이나 주제에 맞춰 책을 선별한 후에 학생들에게 책을 소개해서 제안해 주는 겁니다.

셋째, 독서모임에 참여하는 학생과 교사 모두가 책을 선정하는 방법입니다. 각자 읽고 싶은 책을 미리 생각해 온 다음, 함께 의논해서 선정하는 것입니다. 저희 교회 고등부 독서모임에서는 이 방법으로 책을 정하고 있습니다. 교사인 저도 책을 추천하지만 학생들의 의견을 묻고, 학생들이 읽고 싶은 책을 우선순위로 정합니다.

도서를 선정할 때 효율성 측면에서는 앞서 얘기한 두 가지 방법이 쉽고 빠를 겁니다. 책 고르는 시간을 절약하고, 객관적으로 학생들에게 유익한 도서를 고를 수 있습니다. 그러나 효율성보다 더 중요한 요소가 있다고 생각합니다. 바로 자발성입니다. 학생들이 읽을 책을 스스로 고민하고 고르는 과정을 경험하면 적극적인 참여를 유도할 수 있기 때문입니다. 자신이 심사숙고해서 고른 책, 또는 내 친구가 고른 책을 함께 읽으면 책에 대한 호기심과 성취감도 높아집니다.

최승필 작가가 쓴 『공부머리 독서법』이라는 책이 최근 학부모들 사이에 화제가 됐습니다. 독서로 언어능력을 끌어올리는 독서법과 성적이 오르는 독서법 등을 다룬 책입니다. 독서교육 전문가로 오랫동안 활동해 온 저자는 독서교육의 핵심이 '지식'이 아닌 '재미'라고 말 합니다. '와, 독서가 이렇게 재미있는 거야?'라고 생각할 수 있는 책 한 권을 어떻게 만나느냐가 아주 중요한 문제라고 합니다. 한 도서 팟캐스트에 출연한 저자는 부모가 자녀에게 책을 자꾸 권해 주지 말라고 당부했습니다.

"아이의 독서 인생을 부모님이 결정할 수 있다는 생각을 내려놓으셔야 해요. 아이가 읽을 책을 내가 디자인할 수 있다는 생각은 대단한 착각입니다. 부모님이 읽은 책을 자꾸 권해 주는 것은 아이가 청소년이 되었을 때 책을 읽지 않게 만드는 강력한 의지 표명인 셈이에요. 아이가 독서가가 되는 가장 기본은 책을 고를 때 얼마나 설레는가예요. 아이가 똑같은 종류의 책을 계속 고른다면 다양하게 읽어야 하지 않을까 생각하실 게 아니라 우리 아이가 이런 아이구나, 하고 발견했다고 생각하셔야 하는 거예요."

최승필 작가

저자가 한 말에서 '부모님'을 '교사'로 바꾸어 말해도 동일하게 적용할 수 있습니다. 교사가 본인이 읽어보고 좋았던 책을 학생들에게 강력하게 추천해 주고 싶은 마음이 있습니다. 물론 서로 취향이 비슷하고 통하는 책이면 좋습니다. 하지만 '학생들이 고르는 것보다는 어른인 내가 골라 주는 게 낫겠지'하는 자만심이 있습니다. 이런 마음은 학생들의 자발성을 억누를 수 있고 수동적으로 만들 수 있습니다.

누가 어떤 방식으로 정하든 중요한 것은 양서를 고르는 것, 좋은 책을 골라야겠죠. 양서 중에서도 토론에 좀 더 적합한 책을 선정하는 것이 좋을 것입니다. 독서경험이 풍부한 학생은 어렵지 않겠지만, 독서모임이 처음이면 책을 선정하는 일이 쉽지 않습니다. 그런 경우 교사는 학생들에게 아래와 같이 책을 선정하는 팁을 줄 수 있습니다.

도서 선정 팁

공통의 대화 소재나 주제가 있는 책

특정 연령이나 계층에 국한되지 않고 모두가 대화에 참여할 수 있는 책

참여자의 수준에 맞는 책

사회적, 문화적 가치를 지닌 책

생각할 거리, 질문 거리를 던지는 책

독자 리뷰나 전문가 추천평이 좋은 책

300페이지 내외 분량의 책

어렵고 난해한 용어나 전문용어가 적고 대중적인 책

인간의 보편적 가치를 다루는 책

시의성 있는 주제를 다루는 책

국내외 문학상이나 출판상을 수상한 책

공공도서관, 출판단체, 독서단체에서 추천하는 책

일반적으로 학부모나 교사가 책을 고를 때 중요하게 생각하는 조건은 교훈과 감동입니다. 감동을 주고 올바른 가치관을 심어 주는 책도 물론 좋지만 토론에서 필수 요건은 아니라고 생각합니다. 급속도로 변화하는 시대에 필요한 정보를 습득하는 목적의 책도 좋고, 청소년이 알고 고민해야 할 인류 공통의 문제를 다루는 책도 토론에 적합합니다. 청소년 시기는 어떤 현상을 바라볼 때, 문제 의식을 가지고 비판하고 사고할 줄 아는 시기입니다. 직접적으로 인생에 교훈을 주는 책도 좋지만 독서와 토론을 통해 스스로 고민하고 문제에 대한 답을 찾아갈 수 있는 책을 골고루 다양

하게 보는 것이 바람직합니다.

신앙 서적만 읽어야 하나요? 🖋

교회에서 하는 독서모임이니까 마땅히 신앙 서적만 읽을 거라 생각하는
학생들이 있었습니다. 결론부터 말하면 '그렇지 않다'입니다. 신앙 서적도
읽고 비신앙 서적도 읽습니다. 우리가 그리스도인이라고 해서 다른 일은
아무것도 안 하고 경건생활만 하는 게 아닌 것처럼요. 우리가 독서모임에
서 만나는 학생들은 세상에서 치열하게 하루하루를 살아내고 있는 평범
한 십 대들이지 세상과 동떨어져 사는 탈속적 존재들이 아닙니다. 필요한
지식과 정보도 습득하고 다양한 경험도 쌓아야 합니다.

　하지만 안타깝게도 평범한 대한민국 청소년의 삶은 단순하고 비슷비
슷합니다. 주일 아침 우리반 아이들에게 이번 주 어떻게 지냈는지 나눠
보자고 하면 짧은 답변으로 끝나는 경우가 많습니다. 한 주 동안 특별한
이벤트가 있는 경우가 매우 드물기 때문이죠. 전날 새벽까지 공부를 했는
지, 놀았는지 모르겠지만 잠이 덜 깬 상태로 몽롱해 보이는 아이들도 있
습니다. 시시콜콜한 이야기를 잘하는 수다스러운 학생이 한 명이라도 있

으면 다행입니다.

<blockquote>
교　사: "한 주간 어떻게 지냈어?"
학생들: "똑같았어요."
"그냥 학교 가고 학원 갔어요."
"공부했어요."
"잘 지냈어요."
"힘들었어요."
"피곤했어요."
</blockquote>

그 어느 때보다 감정이 풍부하고, 감수성이 예민한 십 대 시기에 다양한 경험을 할 수 없는 현실이 안타깝습니다. 우리가 사는 세상이 어떤 세상인지, 얼마나 빠르게 변하는지 알아야 빛과 소금의 역할을 할텐데 책상에 앉아서 공부만 하다가 혼란스럽고 냉혹한 사회에 나가면 잘 버틸 수 있을까 걱정될 때가 많습니다. 스마트폰을 가진 청소년이라면 대부분 매일 선정적이고 자극적인 인터넷 기사를 접합니다.

그러나 세상은 책상에 앉아서 배우거나 자신이 아는 스마트폰 속 세계보다 훨씬 복잡하고 다채롭습니다. 그런 세상을 학생들은 책을 통해 간접 경험할 수 있습니다. 합리적이고 균형적인 사고를 함으로 매일 부딪히는 현실에서 어떻게 문제를 해결하고 무엇을 해야 할지 각자의 답도 발견할 수 있습니다.

> 모든 성경은 하나님의 감동으로 된 것으로 교훈과 책망과 바르게 함과 의로 교
> 육하기에 유익하니_딤후 3:16

성경은 하나님의 감동으로 쓰인 책입니다. 성경을 읽는 것도 결국 독서하는 행위입니다. 다양한 책을 많이 접할수록 성경을 이해하는 능력과 행간을 읽는 능력을 기를 수 있습니다. 성경을 읽을 때도 단순히 기록된 글자만 읽는 것이 아니라, 행간을 읽어야 합니다. 행간을 읽어야 하나님의 말씀이 우리에게 주는 교훈과 참뜻을 알 수 있습니다.

그리스도인은 영화나 연극, 뮤지컬, 방송 같은 대중문화를 보고 신앙적인 관점으로 사고할 수 있습니다. 마찬가지로 비신앙 서적을 읽으며 신앙적으로 사고할 수 있습니다. 소설이나 시를 읽고, 인문학을 읽고도 우리는 하나님을 이야기하고, 나의 정체성은 무엇인지 이야기할 수 있습니다. 그런 과정을 통해서 신앙의 성장으로 이어질 수 있습니다. 다양한 책은 우리의 신앙과 삶을 연결해 주는 매개체가 될 수 있습니다.

독일 문학의 거장 헤르만 헤세(Hermann Hesse)가 쓴 소설 『데미안』은 60개 언어로 번역되고, 세계적으로 1억 5천만 부가 팔린 대표적인 청소년 필독서입니다. 주인공 싱클레어가 소년 시절부터 청년기까지 진정한 자아를

찾아가는 과정을 그린 작품이죠. 100여 년 전 출간된 소설인데도 꾸준히 사랑받는 이유는 치열하게 고민하고 성장하는 싱클레어에게서 현재 불안과 혼란의 시대를 살아가는 우리 자신의 모습도 발견할 수 있기 때문이죠.

저희 교회에서도 『데미안』을 읽고 싶다는 학생이 있어서 독서모임 책으로 선정했습니다. 『데미안』은 고전으로서 가치도 있지만, 기독교인 청소년에게 남다른 의미가 있을 거라고 생각했습니다. 주인공 싱클레어와 저자 헤르만 헤세, 그리고 학생들은 모두 기독교 집안 출신의 모태신앙이라는 공통점이 있기 때문입니다. 소설 속에서 기독교적 요소와 반기독교적 요소도 곳곳에서 발견할 수 있을 거라 생각했습니다.

흔히 『데미안』 하면 가장 많이 언급하는 구절이 "새는 힘겹게 투쟁하여 알에서 나온다" 입니다. 저는 학생들도 이 부분을 감명 깊게 읽었을 거라 생각했는데 제 예상은 빗나갔습니다. 학생들은 작품의 첫 장인 '두 세계' 가 기억에 남았다고 했습니다.

> "싱클레어가 죄를 계속해서 짓고, 거짓말을 또 하고 또 하잖아요. 그 장면을 보면서 저는 그게 별로 죄라고 느끼지 않았던 죄의 무게를 가볍게 여기는 느낌을 많이 받아서... 제 스스로를 생각하고 마음도 무거웠던 것 같아요. 사실 어떤 죄든 지으면 안 되는 게 맞는 거잖아요. 그 죄의 무게를 제가 판단해서도 안 되는 거니까. 그렇게 하지 말고 애초부터 죄를 짓지 않도록 노력하고 살아야겠단 생각을 했어요."

"저는 '두 세계'부분을 제일 인상 깊게 읽었어요. 그걸 보면서 진짜 거짓말은 시작도 하지 말아야 한다고 생각했고, 감당 못할 일이 있으면 보호자한테 최대한 빨리 도움을 요청하는 게 현명하다는 생각이 들었어요. 싱클레어가 도둑질을 하면서 그걸 마냥 나쁘게 생각을 안 하고 하면서 점점 쉽게 여긴다는 묘사가 있었어요. 그런 것에 익숙해지는 것도 위험하다는 생각이 들었어요."

'두 세계'에서는 열 살 소년 싱클레어에게 벌어지는 일련의 사건을 통해 한 인간이 죄를 짓는 과정, 그로 인한 죄책감과 두려움에 휩싸이는 심리를 사실적이고 탁월하게 묘사해서 강렬하게 남지 않았나 싶습니다. 학생들에게 성경적으로 해석하거나 대입해 보라고 요구하지 않았지만 책을 읽고 '죄'에 대해 성찰한 듯했습니다. 이어서 싱클레어가 선과 악의 두 세계가 혼재된 세상에서 방황하고 갈등했듯이, 학생들도 그리스도인으로서 구별된 삶을 살기 위해 느꼈던 어려움과 고민을 나누기도 했습니다.

싱클레어는 데미안을 비롯해서 베아트리체, 피스토리우스라는 인물을 만나며 삶의 변화를 경험했습니다. 학생들에게도 그런 영향을 준 사람이 있는지 혹은 하나님을 만나고 어떤 변화가 있었는지 궁금했습니다.

"저는 하나님을 만나기 전후로 마음가짐의 방향이 바뀌었던 것 같아요. 저는 모태신앙이니까 옛날부터 이렇게 해야 한다, 저렇게 해야 한다, 교회에서도 배우고 가정에서도 계속 배워서 그걸 실천하려고 노력을 많이 했었는데요. 옛날에는 이렇게 하라고 배웠으니까 행동을 했다면, 하나님을 만난 다음부터는 그 이유를 알고 목적을 가지고 진짜 분명한 목표를 가지고 행동하는 쪽으로 바뀌었어요."

"저는 은아언니를 보면서 나도 은아언니처럼 생활해야겠다고 느낀 적이 많아요. 후배 가은이도 제 신앙생활에 영향을 많이 주지 않았나 싶어요. 신앙생활을 열심히 하고 말씀도 매일 빼놓지 않고 가까이하는 친구거든요. 가은이는 '저런 삶을 살아야 그리스도인으로서의 삶을 사는 거구나'느끼게 해 주고 생각의 변화를 많이 줬던 인물인 것 같아요."

이것이 교회 독서모임에서 꼭 신앙 서적을 고집하지 않아도 되는 이유입니다. 비신앙 서적을 읽고 충분히 신앙을 이야기하고 생각과 마음을 나눌 수 있습니다. 책으로 삶을 나누는 겁니다. 기독교 신앙은 일상의 삶과 분리할 수 없습니다. 이런 삶의 나눔을 통해 학생들이 얻는 깨달음이 있고 신앙이 성장할 수 있다고 믿습니다.

믿고 읽는 추천도서 ✒

요즘은 '추천도서'나 '청소년 추천도서'라고 검색하면 참고할 만한 정보가 넘쳐납니다. 독서경험이 없는 학생들은, [도서 선정 팁]에서 예를 들었듯이 공신력 있는 기관 및 단체의 추천도서 중에서 선택해서 읽으면 실패할 확률이 낮습니다. 다음과 같은 도서를 참고할 수 있습니다.

한국기독교출판문화상 수상작

기독교 서적을 읽을 경우, 한국기독교출판문화상 수상작을 선정하면 좋습니다. 사단법인 한국기독교출판협회가 1984년부터 해마다 한국 교회와 성도들을 위한 우수 기독 양서를 정하여 한국기독교출판문화상을 시상해 왔습니다. 기독 출판물을 대상으로 어린이와 청소년, 신앙일반과 목회자료, 신학 등 총 5개 분야로 나누어 국내외 우수한 기독도서를 선정합니다. 1회부터 36회까지 역대 수상작은 아래 링크에서 확인할 수 있습니다.

역대 한국기독교출판문화상 수상작

이 책에서는 국내 청소년 부문 작품을 시상하기 시작한 13회부터 35회까지 역대 청소년 국내 최우수상 수상작만 소개하지만, 역대 우수상 수상작과 국외 작품도 독서모임에서 함께 읽을 만한 좋은 책이 많습니다. 역대 수상작 목록을 보면, 책 제목과 저자가 친숙한 분도 있을 겁니다.

역대 청소년 부문(국내) 최우수상 수상작

	제목	저자	출판사
13회	내가 오늘을 사는 것은	이화영	소망사
14회	청소년 살리기	이진우	국민일보 제네시스
15회	하나님 전 그 애가 좋아요	김미영 배정주 조성진	예영커뮤니케이션
16회	내 아들아 사랑으로 세계를 품어라	황성주	서로사랑
17회	기독교 유적 답사기	박은배	국민일보
18회	청소년 리바이벌	이찬수	규장
19회	만화성경여행 1,2,3	이남수	모퉁이돌
20회	백악관을 기도실로 만든 대통령 링컨	전 광	생명의 말씀사
21회	희망 다운로드	여운학	규장
22회	불꽃 시대를 열어가는 불꽃 세대	김현철	SFC출판부
23회	사람아 네가 무엇이냐 시리즈	김영진	성서원
24회	불꽃 세대가 창조하는 기적의 교향곡	김현철	SFC 출판부
25회	선비크리스천(우수상)	이승종	쿰란출판사

	제목	저자	출판사
26회	성공이 성공이 아니고 실패가 실패가 아니다	이영표, 이승국	홍성사
27회	자존감	이무석	비전과리더십
28회	오디션 인생	한태윤	한장사
29회	선생님은 너를 응원해	정병오	홍성사
30회	그런 하나님을 어떻게 믿어요?	김기현	SFC출판부
31회	미소천사의 일기장	노태준	누가출판사
32회	답 없는 너에게	손봉호, 옥명호	홍성사
33회	재밌는 성경세트	김영진	성서원
34회	데스티니: 하나님의 계획	고성준	규장
35회	요한복음 뒷조사	김민석	새물결플러스
36회	토닥토닥 성교육, 혼자 고민하지마	정혜민	토기장이

국내 도서가 최우수상으로 선정되지 않은 해는 국내 우수상 수상작으로 대체했습니다.
(자료 제공: 한국기독교출판협회 사무국)

공공도서관 추천도서

문화체육관광부 국가도서관통계시스템의 조사에 의하면, 전국적으로 운영하는 공공도서관 수는 1,096관(2018년 기준)이며 꾸준히 증가하고 있습니다. 곳곳에 작은도서관도 많이 생기는 추세라서 독서할 마음만 먹으면 어디서든 책을 접할 수 있습니다. 또 이동이 어려운 독자를 위해 전자도서관을 운영하는 곳도 있습니다. 공공도서관 홈페이지에 들어가면 도서관별 명칭은 조금씩 다를 수 있지만 '공공도서관이 추천하는 4월의 책', '상황별 추천도서', '사서 추천도서'등의 메뉴가 있습니다.

어떤 책을 읽어야 할지 모를 때 공공도서관에서 추천하는 도서로 시작하는 것도 좋습니다. 공공도서관의 추천도서는 도서관별 과장, 시교육청 담당자, 외부 자문위원 등 여러 전문가의 심사를 거칩니다. 전문도서보다는 일반 교양도서를 중심으로, 각 도서관 자료선정협의회를 거쳐 가급적 6개월 이내 신간도서 중심으로, 문학, 비문학, 어린이 도서로 세분하여 선정합니다. 내용에 있어서는 보편적 가치관, 다양한 지적 호기심 유발, 참된 삶의 이야기가 담긴 도서, 시의성을 고려한 주제가 있는 도서를 선정합니다.

저는 매년 상반기 부산시에서 선정하는 '원북원부산운동'도서를 참고하고 학생들과 함께 읽고 있습니다. 원북원부산운동은 2004년부터 부산시에서 주관하는 시민독서생활화운동입니다. 부산시의 '올해의 책'과 비슷한 개념이라고 할 수 있습니다. 도서 선정은 해마다 학생, 학부모, 독서전문가, 시민들로부터 원북 후보도서 추천과 접수를 받은 다음 독서전문가로 구성된 원북도서선정위원회 위원이 토론을 거쳐 후보도서 목록을 축적합니다. 그리고 매년 12월 원북 후보도서를 100권으로 압축한 다음 실무추진단이 100권의 후보도서를 읽고 검토한 후 마라톤 토론을 통해 최종 후보도서 5권을 선정합니다. 마지막으로 2월경 한 달간 부산시민들이 원북 선정을 위한 온라인 및 오프라인 투표에 참여한 결과를 토대로 최종 선정이 이루어집니다.

그리고 1년 동안 원북원부산어울림 한마당, 원북 작가 순회강연(북토크 콘서트), 연극, 뮤지컬, 낭독극으로 제작한 '원북 공연으로 만나다'등 선정 도서와 관련된 독서프로그램이 진행됩니다. 멤버들과 함께 이런 행사에 참여해 보면 유익하고 의미 있는 시간이 될 것 같습니다.

부산광역시립시민도서관 홈페이지 원북원부산 관련

청소년 출판협의회 이달의 청소년 책

청출협(청소년 출판협의회)은 청소년 서적을 만드는 97개 출판사가 모여 활동하는 단체입니다. 청출협에서는 '이달의 청소년 책'이라는 이름으로 매달 청소년을 위한 양서를 소개합니다. 초등학교 5학년부터 고등학교 1학년 학생을 대상으로 예비 중학생/중학생/고등학생 추천도서 등 3개 분야로 나누어 소개합니다. 청출협 이달의 청소년 책은 아래의 링크에서 확인할 수 있습니다.

청출협 다음카페   청출협 페이스북   청출협 네이버포스트

학교도서관저널

학교도서관저널은 학교도서관 활성화와 독서를 통한 교육의 변화를 함께 꿈꾸는 교사와 사서가 기획하는 잡지입니다. 공공도서관의 잡지 코너에 가면 볼 수 있습니다. 학교도서관저널 홈페이지에는 독서, 도서관, 교육에 관한 다양한 칼럼과 유익한 정보가 가득합니다. 학교도서관저널 도서추천위원회에서는 매년 어린이 문학/어린이 그림책/어린이 인문.사회.예술.문화/어린이 자연.과학.환경.생태/청소년 문학/청소년 인문.사회/청소년 자연.과학.환경.생태/청소년 예술.문화.만화.기타 및 주제별 추천도서를 선정하여 목록을 발행하고 있습니다. 연 10회 발행하는 잡지로, 정기구독해서 받아 볼 수 있습니다.

학교도서관저널 홈페이지

선정도서의 예 & 선정 이유

저희 교회 고등부 독서모임에서 선정했던 도서 중 각별히 기억에 남는 책과 개인적으로 인상 깊게 읽었던 책을 추천하고자 합니다.

『선량한 차별주의자』(김지혜)

살면서 "나는 단 한 번도 차별당한 적이 없다"라고 말할 수 있는 사람이 있을까요? 혹은 "나는 단 한 번도 차별해 본 적이 없다"라고 말할 수 있는 사람이 있을까요? 『선량한 차별주의자』는 차별하지 않는다고 착각했던 우리가 '선량한 차별주의자'일 수 있다고 말하는 책입니다. 이 책은 2020년 원북원부산 청소년부문 도서, 서울시, 순천시, 의정부시, 전남도민 올해의 책, 2019 교보문고, 예스24, 알라딘 올해의 책, 2019 출판인이 선정한 올해의 책으로 선정됐습니다. 저자는 일상적이라 무의식적이고 자연스럽게 벌어지는 일들 속에서 우리가 놓치고 있던 혐오와 차별의 사례를 기록했습니다. 최신 연구와 대학에서 학생들과 해 온 토론수업 및 전문가 학술포럼의 다양한 논쟁을 토대로 '불편한 감정'을 느꼈던 이유를 논리적이고 친절하게 소개합니다. 사회 전반의 구조적 차별부터 학생들이 일상에서 경험하는 다양한 차별 문제를 활발하게 나누고 성찰할 수 있는 책이었습니다.

『아몬드』(손원평)

저희 교회 독서모임에서 최초로 학생이 먼저 추천한 책이었습니다. 『아몬드』는 부산시 고교 독서토론대회 책으로도 선정되었고 청소년 독서모임에서 토론하기 정말 좋은 책입니다. 우선, 이 책은 청소년 문학으로 분류되어 학생들의 눈높이에 맞고 쉬운 문체로 쓰여 있습니다. 저자 손원평 작

가는 영화 시나리오 작가와 감독으로 활동해서인지 문체의 호흡이 빠르고 각 인물의 캐릭터가 살아 있습니다. 읽고 있으면 저절로 머릿속에서 드라마나 영화처럼 영상으로 그려질 정도로 스토리가 탄탄하고 술술 잘 읽힙니다. 선천적으로 감정을 느낄 수 없는 주인공 선윤재의 성장 이야기로, 윤재가 고등학생이라는 점에서 학생들이 자신의 경험에 비추어 공감할 수 있는 부분이 많습니다. 주변 인물과의 관계, 여러 사건을 통해 타인에 대한 공감 능력이 부족한 시대에 관해 함께 성찰해 볼 수 있다는 점에서 남녀노소 모두에게 권하고 싶은 책입니다. 제10회 창비청소년문학상,

10개 도시에서 청소년분야 올해의 책, 2018년 원북원부산운동도서로 선정되었습니다.

기독교 서적치고 제목이 도발적입니다. 예수님 한테 욕쟁이라고 하는 책 보셨나요? 어릴 때부터 우리가 상상했던 예수님의 모습과는 다릅니다. 그림책이나 영화에 나타난 인자하고 점잖고 따뜻한 인상의 예수님과 대조적입니다. 작가 겸 목회자인 박총 목사님이 한국 교회와 사회에 대한 성찰

및 일상의 소소한 것들을 묵상하며 4년간 월간『큐티진』에 연재했던 칼럼을 모은 책입니다. 한국 교회에서 일반적으로 이해하고 상상하는 예수님을 넘어, 현실 세계에서 예수님이 실천했던 행동을 담고 있습니다. 세상의 불의를 향해 거침없이 분노하셨던 예수님, 죄인들의 허물없는 친구가 되어 신나게 먹고 즐기셨던 예수님, 인간과 똑같이 두려움과 공포를 느끼셨던 예수님 등 21세기를 살아가는 우리가 일상에서 부딪히는 문제와 한국 사회의 다양한 문화를 예수님의 관점으로 바라봅니다. 성경 말씀을 어떻게 구체적으로 실천할 것인지에 대해 거칠지만 속 시원하게 풀어냈습니다. 학생들은 새롭고 신선했다는 반응이었습니다. 가장 좋았던 점은 학생들이 신앙 안에서 일상을 어떻게 살고 있는지 진솔한 이야기를 들을 수 있던 것입니다.

『어디서 살 것인가』(유현준)

저희 독서모임에서 1부, 2부로 나누어 두 달간 읽고 토론했던 책입니다. 평소에 우리가 건축 공간에 관해 이야기할 기회는 흔치 않습니다. 『어디서 살 것인가』는 건축 공간이 우리의 삶에 어떤 영향을 주는지 다양하고 흥미로운 사례를 들어서 소개하는 책입니다. 시대적 변화에 따른 공간의 변화와 특징을 알 수 있고, 어떤 공간이 우리를 행복하게 만드는지 함께 이야기하고 나누기에 좋았습니다. 건축가 유현준 교수는 〈명견만리〉, 〈알쓸신잡2〉, 〈어쩌다 어른〉 등 TV프로그램을 통해 이미 대중들에게 친숙한 저자입니다. 책에는 단번에 의미를 알 수 있는 사진과 저자가 직접 그린 삽화가 곁들여져 학생들과 건축을 모르는 사람도 쉽게 이해할 수 있습니다. 특히 학생들이 매일 생활하는 학교 건물에 관한 고찰과 80년대 청소년들이 교회를 바라보는 관점이 눈여겨볼 만했습니다. 지금 교회학교

인구 감소로 인한 교회학교의 위기와 원인에 대해서도 학생들과 함께 고민해 볼 수 있습니다. 2019 원북원부산운동도서, 2019 익산시 올해의 책, 2020 의정부시 올해의 책, 2018 예스24 올해의 책으로 선정되었습니다.

『데미안』(헤르만 헤세)

헤르만 헤세의 『데미안』은 단연코 시대와 국경을 초월한 베스트셀러입니다. 방탄소년단이 '피, 땀, 눈물'이란 곡을 만들 때 영감을 준 책으로 화제가 되기도 했습니다. 독자가 처한 상황이나 내적 상태에 따라 각자 다른 부분에서 공감할 수 있습니다. 이 책은 1차 세계대전 패망 직후인 1919년 독일에서 출간되었습니다. '너 자신만의 길을 가라'는 메시지는 당시 암울하고 불안했던 젊은이들의 마음에 크나큰 감동을 일으켰습니다. 100여 년이 지난 지금도 혼란과 불안의 시대에 진정한 자아를 찾고자 고뇌하는 청년들에게 묵직한 울림을 주는 소설입니다. 『데미안』에는 다소 난해하고 상징적인 표현이 많아서 학생들은 이해하기 어려웠던 부분도 있었다고 했지만 대체로 감명 깊게 읽었다는 반응이었습니다. 선과 악의 세계, 데미안을 비롯한 다양한 인물과의 만남 등 주인공 싱클레어가 치열하게 고민하는 과정에서 우리 자신의 모습도 투영할 수 있습니다.

조은정 교사가 **학생들과 함께 읽고 싶은 책**

일반 서적

『**죽음의 수용소에서**』(빅터 프랭클)_극한의 시련 속에서 삶의 의미 찾기.

『**내가 확실히 아는 것들**』(오프라 윈프리)_파란만장한 과거를 딛고 일어선 그녀의 따뜻한 메시지.

『**유원**』(백온유)_누군가의 삶을 섣불리 판단하지 말기. 살아남은 소녀의 상처와 성장. 희망과 용기를 군더더기 없이 그린 아름다운 소설.

『**쇼코의 미소**』(최은영)_상처 입은 위로자들의 맑고 가슴뭉클한 이야기.

『**타이탄의 도구들**』(팀 페리스)_당연하고 뻔해 보이는 일들을 구체적으로 실천한 이들의 기록.

『**반 고흐, 인생을 쓰다**』(빈센트 반 고흐)_힘겨운 하루를 보내는 이들에게 건네는 반고흐의 메시지.

『**나, 지금 이대로 괜찮은 사람**』(박진영)_건강한 자존감을 갖기 위한 친절한 사회심리학 책.

『**지금 독립하는 중입니다**』(하지현)_정신과 의사의 현실적인 십 대 마음 소개서.

『**골든아워 1,2**』(이국종)_신앙보다 강렬한 신념과 사명, 치열했던 의료현장의 뜨겁고 소중한 기록.

『**열두 발자국**』(정재승)_이미 시작된 제4차 산업혁명 시대에 대처하는 방법.

기독교 서적

『팀 켈러의 내가 만든 신』(팀 켈러)_금송아지만 우상이 아니다. 솔직한 내면을 들여
　　다보라.

『순전한 기독교』(C.S. 루이스)_'기독교 신앙의 본질은 무엇인가?'에 대한 고민을 논
　　리정연하게 풀어준다.

『스크루테이프의 편지』(C.S. 루이스)_인간을 유혹하는 방법에 관해 삼촌악마가 조
　　카악마에게 쓴 편지.

『고통은 헛되지 않아요』(엘리자베스 엘리엇)_그리스도인이 현실의 고통을 받아들이
　　는 태도.

『뜻밖의 축복』(조정민)_복을 구하지 말라. 당신이 복이 되는 이유를 알려 주는 책.

『살아내는 약속』(김병삼)_십계명을 일상에서 살아내는 방법.

『하나님의 때』(햇살콩)_하나님의 때를 기다리는 사람들이 읽어야 할 책.

『바른 신앙을 위한 질문들』(김세윤)_궁금하지만 선뜻 물어보기 어려운 질문에 대한
　　신학적 답변.

『예수』(김형석)_사복음서에 기록된 예수의 생애를 사실적이고 생생하게 만날 수 있다.

『닉 부이치치의 삶은 여전히 아름답다』(닉 부이치치)_삶은 아름답다는 사실을 온몸
　　으로 보여 준 그의 주옥같은 메시지.

5부.

독서토론 진행 방식

책을 선정하고 나면 토론을 어떤 방식으로 할지 정합니다. 독서토론에는 다양한 방식이 있지만 가장 대표적인 방식 세 가지를 소개하겠습니다.

이야기식 독서토론 ✒

> **토론(討論):** 어떤 문제에 대하여 여러 사람이 각각 의견을 말하며 논의함.
> [국립국어원 표준국어대사전]

첫 번째는 이야기식 독서토론입니다. 대다수 독서모임이 이야기식 독서토론으로 이루어집니다. 자유토론모임이라도 합니다. 이 토론방식은 비경쟁 방식입니다. 찬반을 나누지 않습니다. 이야기식 독서토론은 논의나 논쟁 보다는 '토론'의 사전적 의미 중 각각 의견을 말하는 데 중점을 둡니다.

카페에서 친구들과 수다를 떠는 것처럼 책에 관한 자신의 생각을 편안하게 발언하는 방식입니다. 주로 인상적이었던 장면과 구절을 자신의 경험과 연관 지어 이야기하는 경우가 많습니다. 구성원이 소수일 때 자유롭게 발언하기 좋은 방식입니다.

구성원들끼리 모여서 토론을 하기도 하고 저자를 초청해서 저자의 강연을 들은 후 독자들과 질의응답하는 형식으로도 이루어집니다. 대규모 독서 커뮤니티 모임에서는 종종 저자를 초청하는 저자강연 모임을 진행하고 있습니다.

이야기식 독서토론은 자신의 생각을 마음껏 표현할 수 있다는 것이 장점입니다. 그러나 모임의 리더가 적절히 중재하지 않으면 몇 사람이 발언을 독점하거나 사담으로 빠질 수 있습니다.

질문 만들기

이야기식 토론을 가장 쉽게 하는 방법은 질문을 만들어서 각자의 생각을 나누는 겁니다. 저희 교회 고등부 독서모임에서 진행하고 있는 토론은 이야기식 독서토론입니다. 교사가 질문을 준비해 와서 학생들이 돌아가면서 질문에 답을 합니다. 학생들에게도 친구들에게 하고 싶은 질문을 만들어 오라고 합니다. 어떤 질문을 할지 방향을 잡지 못하는 경우도 있어서 학생들에게 아래와 같이 질문을 만드는 팁을 제시합니다.

질문 만들기 팁

- 제목이나 표지의 의미에 대한 생각 나누기
- 저자의 주장이나 주인공의 행동에 대해 동의하기 어려운 부분에 문제 제기하기
- 우리 사회에서 찾아볼 수 있는 현상의 예시 들기

- 역사적 사실에 대해 배경 지식 나누기
- 자신의 경험과 연관 지어 이야기 나누기
- 책 구절에 대해 해석하기
- 나라면 어떻게 할 것인지 고민하기

『나의 첫 독서토론 모임』(지윤주) 중에서

저는 이야기식 토론을 선호합니다. 책을 읽다 보면 저절로 질문이 떠오르기도 하고 질문을 통해 학생들과 책에 관해 소통하는 방식이 효과적이기 때문입니다. 이야기식 토론을 통해서도 학생들의 논리력을 높일 수 있습니다. 질문을 만들 때 유의할 점은 개방형 질문을 하는 겁니다. '예, 아니오'로 단답식 답변을 하는 폐쇄형 질문이 아니라, 어떠한 제한 없이 자유롭게 답할 수 있는 개방형 질문을 만들어서 자신의 답변에 대한 이유나 근거를 말하게 하는 것입니다. 여기서 질문을 만드는 건 퀴즈 문제를 만드는 게 아니므로 정답이 없습니다.

학생들의 답변을 잘 들어보고 적절히 답변과 연관하여 교사가 꼬리에 꼬리를 무는 질문을 해도 좋습니다. 꼬리에 꼬리를 무는 질문은 학생들의 사고력을 키울 수 있습니다. 또한, 주제에 대해 구체적이고 깊이 있는 대화를 끌어낼 수 있습니다. 학생들도 마찬가지입니다. 즉흥적으로 자신이 갖고 있던 고민이나 문제를 다른 친구들에게 질문할 수 있습니다. 이런 경우에는 조금 삼천포로 빠져도 괜찮습니다. 자신의 고민이나 문제를 여러 사람과 나눌 기회가 흔치 않기 때문입니다. 그 고민을 듣고 교사와 학생들이 다양한 의견을 제시해 줄 수 있고 이런 대화를 통해 스스로 더 깊이 생각하고 판단하는 능력도 길러지기 때문입니다.

이야기식 토론은 질문에 따라서 찬반 토론의 형태를 살짝 빌려올 수도 있습니다. 주장에 대한 근거를 미리 조사하고 공부하지 않아도 평소에 가진 생각, 지식, 경험을 종합하여 의견을 논리적으로 펼칠 수 있습니다.

•

> Q. 『선량한 차별주의자』에서 성소수자 혐오와 관련하여 기독교단체의 반대 운동이 나온다. 자신은 기독교단체의 동성애 반대 운동에 찬성하는가? 반대하는가? 각자 의견을 나눠 보자(자세한 내용은 7부에 나와 있습니다).

예수님은 질문의 달인

유명한 강연자나 설교자 중에는 강연의 시작을 질문으로 하는 분들이 많습니다. 기독교 역사에서 가장 유명한 강연자는 예수님입니다.

성경도 그렇고, 책을 읽고 우리가 질문을 던져야 하는 이유는 바로 예수님이 질문하는 분이셨기 때문입니다. 어린 시절 예수님도 그랬고, 성인이 된 예수님도 그랬습니다. 질문으로 소통하는 분이셨습니다. 『성경 독서법』(김기현)에서 예수님은 질문의 달인이었다고 합니다. 예수님의 질문에 우리는 대답해야 하고, 우리도 질문해야 한다고 말합니다.

> 공생애 사역 내내 예수님의 질문은 도드라집니다. 마가복음에는 대화가 도합
> 67개가 있습니다. 그중 질문이 50개입니다. 예수님은 말씀하시기 전에 먼저
> 물으십니다. 질문이 곧 교육입니다. 예수님의 교육 철학은 "질문 없이 교육
> 없다!"입니다. 질문하지 않고서는 가르치지 않으셨습니다. 질문하도록 유도
> 하셔서 가르치셨습니다...(중략)..."너희가 어찌 믿음이 없느냐?"(막 4:4) 왜 내
> 게는 믿음이 없는 걸까요? "네가 한 시간도 깨어 있을 수 없더냐?"(14:37) 왜
> 우리는 그 잠깐의 시간도 기도하지 않은 채 이다지도 분주한 걸까요? "읽지
> 못하였느냐?"(2:25, 12:26)
>
> 「성경 독서법」(김기현) 중에서

우리가 질문을 던져야 하는 이유

질문하는 궁극적인 목적은 우리 사회의 문제, 나의 문제, 지구 공동의 문
제를 어떻게 하면 보다 지혜롭게 해결할 수 있는가, 어떻게 하면 더 나은
세상을 만드는가에 대한 방법을 모색하는 데 있습니다.

> 우리에게는 항상 마음속에 질문을 품고 있는 사람, 질문에 의문을 던지는 사
> 람이 필요합니다. 답은 반드시 질문을 던지는 사람만이 찾아낼 수 있습니다.
> 질문을 던지지 않는 사람에게는 답은커녕 도전의 기회조차 주어지지 않습니
> 다. 먼저 질문을 던지지 않는 사람은 다른 누군가가 이미 던진 질문의 세상에서

살아가게 됩니다. 새로운 세상의 모든 가치와 혁신의 출발은 바로 질문을 던지는 것입니다.

『브랜드가 되어간다는 것』(강민호) 중에서

『브랜드가 되어간다는 것』에서 마케팅 전문가 강민호 대표는 새로운 브랜드, 새로운 모든 가치와 혁신이 질문을 던지는 것에서부터 시작한다고 했습니다. 독서모임에서 질문이 중요한 이유도 그렇습니다. 각자 책을 읽고 난 후 감상을 나누는 것도 가치 있지만 질문을 던지는 것은 우리를 한 걸음 더 나아가게 합니다. 질문으로 인해 우리의 생각이 바뀔 수 있고 삶이 바뀔 수도 있습니다.

독서모임에 참여하는 구성원들이 질문을 던지고 자유롭게 의견을 나누는 과정이 중요하다고 생각합니다. 개인주의가 팽배한 시대에 타인과 함께하지 않고선 공동의 가치나 답을 찾을 수 없습니다. 책을 읽고 질문하는 아이들, 끊임없이 세상에 대해 질문하고, 질문에 대한 답을 고민하는 아이들이 성인이 되어 올바른 가치관을 바탕으로 진짜 세상을 바꿀 수 있다고 믿습니다. 다음은 저희 독서모임에서 만든 질문들입니다.

『땅콩박사』(로렌스 엘리엇) 관련 질문

- 내가 책 제목을 다시 짓는다고 하면 뭐라고 지을까? 그리고 그 이유는?
- 여러 가지 에피소드 중 가장 기억에 남는 에피소드는 무엇인가?
- 조지 워싱턴 카버가 성공할 수 있었던 이유는 무엇이라고 생각하는가?
- 조지 워싱턴 카버가 살아갈 수 있는 원동력은 무엇이라고 생각하는가?
- 조지 워싱턴 카버는 자신의 동족에게 지식을 알려 주기 위해서 공부를 했다. 그렇다면 여러분이 공부하는 이유는 무엇인가?
- 책을 읽으며 깨달은 점은? 그리고 내 삶에 적용할 부분은?

『클라우스 슈밥의 제4차 산업혁명』(클라우스 슈밥) 관련 질문

- 나의 언어로 4차 산업혁명을 정의해 봅시다.
- 4차 산업혁명에서 가장 인상 깊은 기술은?
- 4차 산업혁명에서 가장 기대되는 것은?
- 4차 산업혁명에서 가장 걱정되는 것은?
- 4차 산업혁명은 우리에게 다가오는 개일까 아니면 늑대일까?

『경영학 콘서트』(장영재) 관련 질문

- 이 책에서 흥미로웠던 내용은?
- 우리 주변의 과학적 경영 사례는 어떤 것이 있을까? 또는 과학적 경영을 활용하고 싶은 분야는?

- 현대 경영에서 사람과 감성의 영역인 인문적 요소와 분석과 계산이 필요한 과학적 요소가 존재한다. 어떤 부분이 더 중요할까? 나는 어떤 부분을 보완해야 할까?
- 2010년에 출간된 책이라 9년이 지난 지금 달라진 것도 있을 것이다. 공감하기 어렵거나 아쉬웠던 부분은?
- 성경적 관점에서 경영을 어떻게 바라볼 것인가?

『데미안』(헤르만 헤세) **관련 질문**

- 싱클레어처럼 두 세계(선과 악)에 대해 방황한 적이 있는가? 기독교 집안의 자녀로 공감되는 부분이 있는가? 혹은 싱클레어의 어린 시절과 비슷한 경험을 한 적이 있는가? 싱클레어가 크로머에게 협박당할 때 왜 부모님에게 말을 못하고, 도움을 청하지 않았을까?
- 영적으로 또는 자아가 발전, 성장하기 위해선 어느 정도 고통과 대가가 따라온다. 싱클레어처럼 10대 시절 마음의 갈등, 혼란, 고민, 방황을 해 본 경험이 있는가? 그때 자신은 어떻게 대처했는가? 누군가에게 도움을 구했는가?
- 누구나 성장이나 변화를 위해서 내가 스스로 깨야 할 '알'이 있다. 내가 깨야 할 '알'은 무엇일까?
- '베아트리체'라는 인물을 통해 싱클레어는 방황을 멈추고 마음과 생활의 안정을 찾는다. 우리에게도 그런 좋은 영향을 준 인물이 있는가? 하나님을 진정으로 만난 후 자신에게 어떤 변화가 있었는지 나눠 보자.

- 예수님도 분노하셨다고 나온다. 의로운 분노란 어떤 것이며, 그리스도인이 분노해야 할 때는 언제일까?
- 때로는 전혀 꾸밈없는 마음으로 하나님 앞에 나아가야 한다. 하나님에게 자신의 분노나 원망을 그대로 표현한 적 있는가?
- 축제처럼 기쁘고 즐거운 삶을 살라고 하는데 나의 일상, 나의 신앙생활은 축제인가? 그 이유는?
- 우리의 구체적인 삶에 영향을 미치는 것이 신앙이다. 나의 삶과 신앙이 같이 놀고 있는가, 따로 놀고 있는가? 신앙과 삶(현실) 사이에서 갈등을 경험한 적 있는가?
- 만약 자신의 SNS에 이 책에 대한 별점과 한줄평을 쓴다면 어떻게 쓰고 싶은가?

찬반 독서토론

예수님은 어느 누구와도 논쟁을 마다하지 않았습니다. 때로 그분이 먼저 의도적으로 도발하기도 하고요, 그들이 예수님께 시비를 걸기도 합니다. 하지만 그들과의 논쟁에서 한 번도 밀리거나 진 적이 없는 것을 보면 예수님은 가히 토론의 달인이라 하겠습니다. 그렇기에, 존 스토트는 예수님을 "그리스도는 변론자였다"(「변론자 그리스도」, p.9)라고 일컬을 정도입니다. 그냥 변론자가 아니라 일급 변론자입니다. 그렇지만 예수님은 싸움닭은 아닙니다...(중략)... 토론으로 하나님 나라의 복음을 온전히 증언하셨습니다. 진리를 진리로 선포

하셨습니다. 예수님이 그리도 자주 전투적으로 논쟁을 벌이셨던 단 하나의
이유는 말씀에 대한 사랑과 충성이었습니다.

「성경 독서법」 (김기현) 중에서

예수님은 토론의 달인

예수님은 질문의 달인인 동시에 토론의 달인이었습니다. 논쟁을 피하지 않
으셨고 전투적으로 벌이셨다고 합니다. 성경 말씀을 두고 예수님께서 많은
사람들과 하신 토론은 찬반 독서토론의 시초가 아니었을까 싶습니다.

찬반 독서토론은 어떤 논제를 정해서 찬반의 입장을 나누어 제한된 시
간 내에 토론하는 방식입니다. 일반적으로 '토론'이라고 하면 가장 흔히 볼
수 있는 유형입니다. TV토론에서 자주 보듯이 어떤 주제에 대하여 찬성과
반대편을 나누어 자신의 입장을 관철시키기 위하여 근거를 들어 자기 주장
을 논리적으로 말하는 방식입니다. 독서디베이트(debate)라고도 합니다.

1부에서 언급했듯이 저희 교회 독서모임에서는 아직 찬반 독서토론을
해 본 적이 없습니다. 하지만 찬반 독서토론에는 장점이 많습니다. 이 방
식은 대결을 벌이는 것처럼 어느 쪽이 이기고 지는 것이 중요하지 않습니
다. 학생들의 논리력을 높이고 토론이 활기를 띠게 됩니다. 자신의 주장

에 대해 상대를 설득하는 과정이므로 근거와 사례를 제시하는 연습이 필요합니다. 근거를 수집하면서 어떤 문제에 대한 최선의 답을 찾는데도 도움이 됩니다. 주장을 정리하면서 글쓰기 실력도 키울 수 있습니다. 그러나 상대의 주장에 대해 반론도 펼쳐야 하므로 논리력을 갖추고 토론에 익숙해지는 것이 우선입니다. 찬반 독서토론은 학생들이 이야기식 토론이 익숙해진 후, 찬반 독서토론을 적극적으로 하고자 하는 의향이 있을 때 하기를 권합니다.

하브루타식 독서토론

아람어 '하브루타(Chavrusa, chavruta, havruta)'는 공부하는 파트너를 가진다는 뜻입니다. 유대인들이 오래전부터 해 왔던 대화법으로 짝을 지어 질문하고, 대화하고, 토론하고, 논쟁하는 것을 말합니다. 일종의 토론 놀이를 통해 자기 생각을 표현하고 질문받고 질문하며, 자기 견해를 객관화하고 지식을 내면화하여 이를 창의적으로 적용하는 법을 터득하는 교육 방식입니다. 지식을 알려 주기보다는 지식을 스스로 터득하는 법에 핵심이 있습니다.

> 두 사람이 한 사람보다 나음은 그들이 수고함으로 좋은 상을 얻을 것임이라 혹
> 시 그들이 넘어지면 하나가 그 동무를 붙들어 일으키려니와 홀로 있어 넘어지
> 고 붙들어 일으킬 자가 없는 자에게는 화가 있으리라_전 4:9-10

전도서 4장 9-10절에서 혼자보다 두 사람이 함께할 때 좋은 것은 서로를 받쳐 주고 세워 주기 때문이라는 내용에 근거해 하브루타에서 왜 두 사람이 토론하는가를 설명합니다. 서열이나 승패보다 중요한 것은 친구와 소통하며 토론하는 즐거움을 누리고, 서로를 존중하며 지식을 탐구하는 것입니다.

하브루타식 독서토론을 하는 학교와 가정이 많아졌습니다. 하브루타식 독서토론은 학생들이 스스로 질문을 만들고 답을 찾아나가는 방식입니다. 핵심은 질문으로 토론하기입니다. 앞서 소개한 이야기식 토론과 다른 점이 있다면 독서모임 구성원 모두가 반드시 질문을 만들어야 한다는 점입니다.

하브루타식 독서토론의 장점은 다섯 가지 능력을 크게 신장시켜 준다고 합니다.

> 첫째, 스스로 하는 질문은 '사고력'을 키워 준다.
> 둘째, 질문을 하고 그 질문에 대한 답을 찾는 과정에서 '최고의 문제 해결 능력'을 키워 준다.

셋째, 짝을 지어 질문하고 대답하면서 '경청'과 '의사소통 능력'을 키울 수 있다.

넷째, 서로 소통하면서 좀 더 넓은 안목을 키우고, 상대방의 입장을 이해할 수 있게 된다.

다섯째, 바른 가치관과 인성을 기를 수 있다.

「하브루타 독서토론 교과서」(이은주) 중에서

학생이 궁금증을 느낄 때 부담 없이 질문할 수 있는 환경을 조성하고 함께 토론을 이어가는 과정에서 지식과 더불어 문제에 대한 해결법도 스스로 찾아가는 겁니다.

저희 교회 독서모임도 첫 독서토론을 하브루타식으로 진행했습니다. 초등학교 교사로 근무하는 고등부 선생님이 학교에서 학생들과 하브루타식 독서토론을 먼저 경험하고 교회에서도 적용해 주셨습니다. 선정도서는 레프 톨스토이(Lev Tolstoy)의 『사람은 무엇으로 사는가』라는 책이었습니다. 성경 구절이 직접적으로 등장할 정도로 작품 전반에 기독교적 사상이 담겨 있는 단편소설입니다. 짧지만 보편적 가치인 사랑과 삶의 진정한 의미를 생각하게 하고, 감동을 주는 작품입니다.

『사람은 무엇으로 사는가』 책과 관련하여 저희 교회 학생들이 만들었던 질문으로 의견을 나누었습니다.

"내가 과연 시몬이었다면 선뜻 미하일을 도울 수 있었을까?"

"사람은 무엇으로 사는가?"

"가난해도 부유할 수 있을까?"

"하나님께서는 왜 미하일에게 세 가지 깨달음을 주셨을까?"

"사람의 마음에는 사랑이 있다고 했다.

그렇다면 이 사랑을 두 가지로 나눠 보자."

"시몬처럼 내가 다른 사람에게 사랑을 베풀 수 있는 일은?"

"사람이 사랑을 실천하기 어려운 이유는 뭘까?"

하브루타식 독서토론으로 진행할 때 주의할 점은 시간 분배입니다. 즉석에서 질문을 만들다 보니 질문 만들기가 익숙하지 않은 학생들은 시간이 오래 걸립니다. 또한, 학생들이 만든 질문에 대해 각자 답변을 모두 듣는 시간이 필요합니다. 따라서 인원이 많은 경우, 실제 유대인의 하브루타 토론처럼 두 사람이 짝을 지어서 질문하고 답하는 방식으로 진행할 수 있습니다.

6부.

담당교사(리더)의 역할

기도로 시작해서
기도로 끝내기

세상에 수많은 독서모임이 있습니다. 하지만 교회 독서모임에는 다른 독서모임에 없는 특별한 순서가 있습니다. 바로 기도입니다. 세상의 방식과 가장 큰 차이점이죠. 토론을 보다 전문적이고 체계적으로 지도하는 독서모임은 세상에 많습니다. 기도를 안 해도 교회 독서모임을 진행할 수는 있습니다. 그러나 기도 없이는 하나님께서 그 모임과 사람에게 역사하시지 않습니다. 기도한 후 성령의 역사를 기대하세요. 독서모임을 해 보면 기도제목이 늘어납니다. 이 사역을 위해, 함께하는 학생들을 위해 기도하게 됩니다. 기도의 롤모델은 멀리서 찾을 필요가 없습니다. 가장 훌륭한 스승은 예수님이시죠. 성경에서 예수님이 하셨던 대로 따라하면 됩니다.

예수는 물러가사 한적한 곳에서 기도하시니라_눅 5:16

주님은 기도가 항상 삶의 우선순위였습니다. 다른 사역과 마찬가지로 독서모임을 준비할 때도 기도가 먼저입니다. 예수님은 아무리 바쁘고 분주한 상황에서도 시간을 쪼개고 공간을 만들어서 기도하셨습니다.

신앙생활의 가장 기본은 말씀과 기도라고 하죠. 학생들에게 말씀 잘 읽었는지, 기도 잘하고 있는지 점검하기 전에 교사가 모범을 보여야 합니다. 독서모임을 이끄는 교사(또는 리더)는 말씀과 기도로 성령 충만함을 사모하고 그 힘으로 나의 일상과 독서모임 사역을 감당해야 합니다.

저는 이 책에서 주일학교 교사라고 하지 않고 교회학교 교사라는 말을 썼습니다. 주일학교 교사라는 단어는 왠지 주일 사역으로만 끝나는 느낌이기 때문입니다. 그리스도인은 주일만 예배를 드리는 것이 아니라 매일 삶으로 예배를 드리는 사람들입니다. 마찬가지로 실제로 교사들은 평일에도 변함없이 교사 사역을 감당합니다. 학생들을 위해 기도하고 전화, 문자, 편지, 만남 등 교사 사역이 이어집니다.

학생들을 위해 기도할 땐 부서 전체, 각 반 학생들, 독서모임 학생들의 신앙과 삶을 위해 기도한 다음, 학생 개인의 이름을 한 명 한 명 불러가며 '구체적으로' 기도해야 합니다. 그러려면 그전에 학생들의 기도제목을 알아야 합니다. 저는 고등부 교사를 처음 맡는 날부터 지금까지 우리반 아이들에게 메모지를 나눠 주고 기도제목을 직접 써서 제출하라고 했습니다. 그 이유는 여러 명의 기도제목을 저 혼자서 다 받아적으려니 힘들었기 때문이죠. 하지만 더 중요한 이유는 그 아이들의 상태와 필요를 알고 구체적으로 기도해 주고 싶어서였습니다. 제출한 기도제목을 보면 아이들의 일상, 고민, 관심사를 알 수 있습니다. 받은 기도제목은 단톡방에 올려서 다른 친구들을 위해 함께 기도하자고 공유합니다. 다른 친구들에게 공개하고 싶지 않은 기도제목은 따로 개인톡으로 알려 줍니다. 연말에는 학생별로 모아서 자신이 그동안 무슨 기도를 했고 앞으로 어떤 기도가 필요하며, 얼마나 응답이 됐는지 보라고 간식과 함께 선물로 주기도 했습니다. 아이들이 제대로 봤는지 모르겠지만 그중에 적지 않은 기도가 응답됐습니다. 교사와 반 친구들이 함께 기도하기 때문에 더 큰 능력이 있다고 믿습니다.

성공하거나 성장하는 사람은 '덜 중요하지만 급한 일'보다 '중요하지만 덜 급한 일'을 우선순위에 두는 사람이라고 합니다. 이런 일들의 예로 명상, 운동, 독서, 일기 쓰기 등이 있습니다. 사람들은 대부분 다른 일을 먼저 하기 때문에 성장하지 못한다고 합니다.

그렇다면 그리스도인에게 '중요하지만 덜 급한 일'은 뭘까요? 저는 기도라고 생각합니다. 기도는 당장 하지 않는다고 해서 내가 손해를 본다거나, 남에게 피해를 주거나 시간에 쫓기는 일이 아닙니다. 하지만 우리가 날마다 성령의 인도하심을 받기 위해 중요한 일입니다.

세계적으로 뛰어난 운동선수들은 생활이 단순합니다. 수년 동안 매일

반복하는 일들이 있습니다. 경기가 없는 날도 같은 시간에 잠자고 같은 시간에 일어나고 아침에 똑같은 음식을 먹고 일정량의 운동을 합니다. 이런 사소한 루틴(routine)이 급하지 않지만 중요한 일입니다. 중요한 일을 하기 위해서 저축처럼 쌓아놓는 일입니다.

운동을 좋아하는 학생에게 경건 생활을 권면할 때 저는 운동으로 비유해서 알려 준 적이 있습니다.

"운동을 꾸준히 하면 우리 몸이 어떻게 되지?"

"건강해져요. 근육이 생겨요."

"마찬가지야. 말씀과 기도가 쌓이면 그게 신앙의 근육이 되는 거야."

저는 매일 아침 일을 시작하기 전, 큐티를 하고 가장 먼저 우리반 아이들을 위해 기도합니다. 다른 기도는 빼먹어도 우리반 아이들 기도는 꼭 합니다. 우리반 아이들 기도가 끝나면 독서모임을 위해 기도합니다. 교사라는 사역은 아름답고 귀한 사역이지만 제 능력으로 감당할 수 없는 일이기 때문입니다. 독서모임의 기술적인 부분은 세상에서 얼마든지 배울 수 있습니다. 하지만 교회학교의 독서모임은 달라야 합니다. 반드시 모임을 위해, 아이들을 위해 기도해야 합니다. 각자의 처소에서 책을 읽는 동안 아이들에게 깨달음을 주시고, 함께 모이는 모임에서 아이들의 마음이 열리고 영혼이 회복되고, 더 나아가 하나님을 사랑하고, 이웃을 사랑하는 아이들이 되기를 기도합니다.

가장 큰 영향을 미치는 사람은 교사

총신대학교 함영주 교수가 발표한 논문 〈기독교 청소년의 교육생태 체계와 영적 발달의 상관성 연구〉에는 서울 소재 교회에 출석하는 중고등학생 163명을 대상으로 한 심층 설문조사가 나와 있습니다. 그 결과 교회에 오래 다닌 학생이 신앙 성숙도가 높았으며, 학생에게 가장 큰 영향을 미치는 사람은 교사로 나왔다고 합니다. 청소년기에는 당연히 친구의 영향을 가장 많이 받는다고 생각했는데 교회에 다니는 청소년들은 달랐습니다. 그만큼 교사의 역할이 중요하다는 뜻입니다. 갑자기 거룩한 부담감이 밀려오지 않습니까? 이 거룩한 부담감이 은혜로 바뀌려면 매일 기도해야 합니다. 독서모임을 담당하는 교사도 마찬가집니다. 틈날 때마다 독서모임을 위해 기도하고, 새벽기도회, 수요기도회 등 기도의 자리에 나가서 기도해야 합니다. 뿐만 아니라, 삶의 자리에서 맡은 일에도 최선을 다해야 합니다. 학생들은 교사의 말과 행실을 다 지켜보고 있고 영향을 받습니다. 교사가 먼저 믿음의 본이 되는 삶을 살아야 합니다.

모임을 준비하면서 하는 기도도 필요하지만, 독서모임에 함께 모였을 때 처음은 기도로 시작하고, 마지막도 기도로 마칩니다. 제 힘과 능력으로 하는 모임이 아니기 때문입니다. 기도모임이 아니기 때문에 다같이 통성으로 하거나 세부적인 제목을 정해 놓고 길게 할 필요는 없습니다. 짧고 간결하게 하면 됩니다. 담당교사나 리더가 시작 기도를 합니다. 먼저, 독서모임을 허락하신 하나님께 감사의 기도를 드립니다. 성령께서 그 모임에 함께하시고 인도하심을 위해 간구합니다. 그리고 학생들의 마음이 열리고 솔직한 생각을 나누고 서로의 이야기를 경청하는 진실한 시간이 되도록 기도합니다. 하나님께서 부어 주실 은혜와 축복을 믿고 기대하는 마음으로 기도합니다. 기도해야 성령 하나님께서 그 모임에 역사하신다고 믿습니다. 기도해야 학생들의 마음이 열릴 줄로 믿습니다. 믿음으로 기도할 때 하나님께서 반드시 우리의 기도에 응답하실 줄로 믿습니다.

모임을 마무리할 때도 감사의 기도를 드립니다. 감사기도가 저절로 나올 것입니다. 학생들이 이 시간에 나누었던 것, 새롭게 깨달은 것을 기억하고 삶으로 살아낼 수 있도록 기도합니다. 반별로 공과 공부 모임 할 때처럼 가끔 마무리 기도는 그날 적극적으로 참여했던 학생에게 맡겨도 좋습니다.

토론을 하면 학생들의 생각과 마음을 알 수 있습니다. 평소 친구나 가족에게 하지 않았던 이야기, 담당 교역자나 선생님에게도 하지 않았던 이야기가 나옵니다. 어쩌면 책은 독서모임의 목적이 **아니라 수단이고 도구입니다.** 학생들이 어떤 생각을 했고 어떤 고민을 했고 어떤 마음을 가지고 사는지 구체적으로 알 수 있습니다. 마음 깊은 곳에서 어렵게 꺼낸 이야기를 듣고 그냥 지나쳐서는 안 됩니다. 그 자리에서는 공감해 주고 위로의 말, 격려의 말을 해 줄 수 있습니다.

토론 속에 학생들의 기도제목이 있다

학생들의 이야기가 곧 새로운 기도제목이 됩니다. 학생들에게 굳이 너의 기도제목이 뭐냐고 묻지 않아도 되는 거죠. 학생이 말했던 것을 기억하고 기록하고 기도합니다. 다음에 학생들과 만날 때, 그때 말했던 문제나 상황에 변화가 생겼는지 관심을 갖고 물어봅니다.

지속적으로 학생들을 위해 기도하십시오. 학생들의 변화는 교사의 말이나 지식으로 되는 것이 아닙니다. 하나님께서 하시는 일입니다.

모임 준비하기 🖋

모임을 인도하는 리더, 교사 또는 학생은 준비가 필요합니다. 모이는 장소와 관련해서는 2부에서 말씀드렸습니다. 여기서 모임을 준비하는 건 독서토론 진행을 위해 리더가 준비하는 일입니다.

우선 선정한 도서를 읽어야 합니다. 저는 책이 선정되면 최소 두 번 이상 책을 읽고 갑니다. 제가 기억력이 좋지 않은 이유도 있고, 두 번째 읽을 때는 처음에 읽을 때 보이지 않던 부분이 보이기 때문입니다. 시간이 부족할 때는 핵심이 되는 내용만 읽거나 속독을 합니다.

작품과 저자에 관해 공부하기

책을 읽을 때는 공감되거나 인상 깊은 구절, 의문이 드는 구절에 밑줄을 긋고 메모를 합니다. 접착식 북마크 포스트잇도 사용해서 표시합니다. 한 번 읽은 다음에 표시해 둔 내용과 관련된 자료를 찾아봅니다. 작품의 배경, 관련된 에피소드, 저자의 특징, 저자와 관련된 흥미로운 사실, 궁금한 점을 찾아봅니다. 쉽게 말하면 이 책을 주제로 공부하는 겁니다. 공부한 내용 중 신선하고 흥미로운 내용만 뽑아서 학생들에게 알려 주는 거죠.

저는 저자에 관해 관심을 갖는 편입니다. 저자를 알면 그 책이 탄생한

배경을 알 수 있고, 저자가 책을 쓴 동기와 의도를 알 수 있기 때문입니다. 일반적으로 문학에는 저자의 성장배경이나 특별한 경험 등이 녹아 있을 때가 많습니다. 그래서 저자에 관한 배경지식을 접하고 나서 다시 책을 읽으면 행간의 의미가 눈에 잘 들어오고 작품을 깊이 있게 이해할 수 있습니다.

『데미안』은 고전 중의 고전으로 손꼽히는 작품이라 저자인 헤르만 헤세와 작품을 연구하는 학회가 있고 관련 학술자료와 연구논문이 많습니다. 심리학적 관점에서 또는 종교적 관점에서 연구한 논문을 읽어 보면 작품의 시대적 배경뿐만 아니라 작가 개인의 성장배경이 작품에 끼친 영향도 알 수 있습니다.

『프랑켄슈타인』의 경우, 이를 소재로 만든 여러 창작물이 있습니다. '프랑켄슈타인'하면 흉측한 형상을 한 괴물을 내세운 만화가 떠오릅니다. 가장 현대적인 창작물로 뮤지컬이 있습니다. 한국에서도 쟁쟁한 배우들이 출연한 대규모 창작뮤지컬이 인기를 끌었습니다. 인기에 힘입어, 뮤지컬 〈프랑켄슈타인〉은 2019년 OST앨범이 발매되었습니다. 저는 직접 보고 듣지 못했지만, 저희 독서모임의 한 학생이 뮤지컬 음악을 먼저 듣고 원작에 관심이 생겨 함께 책을 읽게 되었습니다. 뮤지컬 음악을 감상하며 『프랑켄슈타인』 책을 읽어도 몰입감이 다를 것 같습니다. 솔직히 『프랑켄슈타인』 책을 처음 들었을 때, 책장이 잘 넘어가지 않았습니다. 그래서 작가 메리 셸리(Mary Shelley)의 삶을 다룬 영화 〈메리 셸리: 프랑켄슈타인의 탄생〉을 먼저 봤습니다. 그 영화를 보고 나니 우리 학생들 또래의 십대 소녀가 어떻게 이런 파격적인 작품을 썼는지 의문을 해결할 수 있었습니다. 메리 셸리는 자신의 출생과 동시에 어머니를 여의었고 계모의 냉대하에 자랐습니다. 16세에 아버지의 제자인 시인과 사랑에 빠져 결혼하지만 남편은 외도를 일삼으며 가정을 돌보지 않습니다. 게다가 4명의 자녀 중 3명의 자녀까지 어린 나이에 사망했습니다. 십 대 소녀의 삶이라고 하기엔 상상할 수 없는 고통과 불행이 그녀의 천재적인 문학성과 예민한 감수성, 자연과학에 대한 호기심과 더해져 소설 속 괴물을 탄생시킨 것이었습니다. 작가의 사연을 알고 나서 책을 보니 괴물의 감정과 심리에 몰입해서 읽을 수 있었습니다.

저자가 현존하는 경우, 저자의 인터뷰나 기사를 검색해서 읽어 보고, 출연한 TV, 라디오, 팟캐스트도 찾아봅니다. 저자가 쓴 다른 저서를 읽어 보는 것도 작품을 이해하는데 도움이 됩니다. 어떤 분야의 어떤 책을 선택하느냐에 따라 준비하는 과정은 달라질 수 있습니다.

저는 독서모임을 처음 시작할 때 먼저 경험한 선배들이 쓴 책에서 도움을 많이 받았습니다. 독서모임을 처음 시작하는 분들에게는 다음과 같은 책들을 추천합니다.

독서모임에 도움이 되는 도서

서현숙, 허보영, 『**독서동아리 100개면 학교가 바뀐다**』(학교도서관저널)

임영규, 『**독서토론 이야기**』(박이정출판사)

장은수, 『**같이 읽고 함께 살다**』(느티나무책방)

강원임, 『**엄마의 책모임**』(이비락)

백화현, 『**책으로 크는 아이들**』(우리교육)

백화현, 『**도란도란 책모임**』(학교도서관저널)

지윤주, 『**나의 첫 독서토론모임**』(밥북)

이은주, 『**하브루타 독서토론 교과서**』(라온북)

이익열, 『**하브루타, 교사가 답이다**』(이익열)

김혜경, 『**하브루타 질문 독서법**』(경향비피)

한재술, 『**독서모임 대답은 있다 이야기**』(그책의 사람들)

김의섭, 『**독서에 미친 사람들**』(바이북스)

김기현, 『**성경 독서법**』(성서유니온선교회)

사전 공지하기 🖋

청소년들과 소통하는 가장 효율적인 방법은 카톡과 문자입니다. 학생들과 연락할 때에는 항상 개인 카톡이나 단체 카톡을 이용합니다. 간혹 고등학교 입학과 동시에 공부에 집중하려고 2G폰으로 돌아가는 학생들이 있습니다. 스마트폰을 안 쓰는 학생한테는 문자로 공지사항을 따로 연락을 해줍니다. 고등학생은 대부분 하루 종일 학교에 있거나 학원, 독서실에 있는 시간이 많기 때문에 전화통화를 하기가 어렵습니다. 그래서 급한 경우를 제외하고는 통화는 거의 하지 않는 편입니다. 통화해서 목소리를 들으면 반갑고 좋겠지만, 학생들 입장에서는 카톡으로 짧게 나누는 대화와 이모티콘 등으로도 충분히 친근감을 느낄 수 있습니다.

독서모임이 있는 주중에, 그리고 하루 전에 꼭 일정 공지를 합니다. 학생들이 일정을 잘 기억하고 챙겨오는 편이지만 혹시 깜박하고 다른 일정을 잡지 않도록 수시로 알려 줍니다. 피치 못할 사정이 생겨 참석이 어려울 때도 학생들이 카톡으로 연락을 줍니다. 그밖에 학생들과 공유하고 싶은 소식, 책, 북콘서트와 같은 행사가 있을 때도 카톡으로 연락을 합니다. 활동일지를 제출할 때도 카톡방에 합니다.

담당 교역자와 협력하기 🖋

교육부서 교역자는 담임목사님과 다르게 몇 년 단위로 바뀌는 경우가 많습니다. 담당교사가 그 부서에 더 오래 남아 있는 경우가 많기 때문에 독서모임이 지속가능하려면 우선 담당교사의 책임감과 역할이 중요합니다. 부서 담당 교역자와의 소통 또한 중요합니다.

초반에 독서모임을 할 때에는 담당교사들끼리만 모임의 내용과 토론 방향을 의논했습니다. 그러나 '교회'에서 하는 독서모임이므로 교역자와 의논해야 할 필요가 있다는 의견이 있었습니다. 저는 올해부터 고등부 담당목사님께 독서모임 선정도서와 진행하는 내용을 사전에 파일로 보내드린 후 목사님의 피드백을 받고 있습니다. 모임 내용을 전달해드린다고 해서 목사님이 이건 왜 이렇게 저렇게 하느냐 조목조목 따지고 묻는 것이 아닙니다. 실제로 그렇게 하신 적도 없습니다. 오히려 적극 지지해 주시고 기도해 주십니다.

독서모임을 마친 후에도 학생들의 반응이 어땠고 어떤 의견이 나왔는지, 다음 선정도서는 어떤 책인지 목사님께 알려드립니다. 기도제목이 될 수 있는 부분에 대해서도 반드시 목사님과 공유해서 학생들의 신앙지도에 도움이 될 수 있도록 협력하는 것이 좋습니다.

신앙적으로 적용하기 🖋

신앙 서적을 읽을 때에는 자연스럽게 신앙적인 이야기를 나누게 됩니다. 비신앙 서적의 경우에는 신앙과 연결할 수 있도록 교사가 지도해야 합니다. 학생들이 스스로 책을 읽으며 발견할 수 있으면 이상적이지만 그렇지 않을 때는 교사의 도움이 필요합니다. 그러려면 교사가 먼저 성경적 관점으로 책을 읽어야 합니다. 방법은 다음과 같습니다.

첫째, 토론을 위한 질문을 만들 때 개인의 신앙적 경험과 연결할 수 있는 질문을 만듭니다.

둘째, 토론을 마친 후 한 가지 주제를 정해서 묵상, 적용할 수 있는 성경 말씀을 제시합니다.

셋째, 기독교적 가치관에 반(班)하는 내용에 대해서 짚어 줍니다. 작품의 특성상 또는 작가의 주관적 견해에 따라 성경을 자의적으로 해석하거나 왜곡한 내용에 대해 분별할 줄 알고, 비판적 관점에서 볼 수 있다는 점을 알려 줍니다.

넷째, 새롭게 알게 된 점과 깨달은 점을 자신의 삶에 적용할 수 있게 지도합니다. 개인 활동 일지에 먼저 쓰게 하고, 토론 시간에 각자 발표하게 합니다. 당장 실천하기 어렵더라도 자기 삶에 적용할 부분을 생각하고,

글로 쓰고, 말하는 과정을 통해 책에서 얻은 교훈을 마음에 되새길 수 있습니다.

예를 들면, 『선량한 차별주의자』는 우리 사회 곳곳에 만연해 있는 차별과 차별에 대응하는 우리의 자세에 관해 이야기하는 사회과학 분야의 책입니다. 이 책은 비신앙 서적이지만 성경 말씀과 연결 지을 수 있습니다. 차별과 관련하여 성경은 어떻게 말하는지 찾아볼 수 있습니다. 성경은 왜 차별을 금하며 하나님은 차별을 어떻게 보시는지, 그리고 차별로 인해 고통받는 이들에게 어떤 행동을 취하라고 하는지 알 수 있는 구절이 있습니다.

> 하나님이 자기 형상 곧 하나님의 형상대로 사람을 창조하시되 남자와 여자를 창조하시고_창 1:27

> 여호와께서 사무엘에게 이르시되 그의 용모와 키를 보지 말라 내가 이미 그를 버렸노라 내가 보는 것은 사람과 같지 아니하니 사람은 외모를 보거니와 나 여호와는 중심을 보느니라_삼상 16:7

> 베드로가 입을 열어 말하되 내가 참으로 하나님은 사람의 외모를 보지 아니하시고 각 나라 중 하나님을 경외하며 의를 행하는 사람은 다 받으시는 줄 깨달았도다_행 10:34-35

> 하나님은 다만 유대인의 하나님뿐이시냐 또한 이방인의 하나님은 아니시냐 진실로 이방인의 하나님도 되시느니라_롬 3:29

내 형제들아 영광의 주 곧 우리 주 예수 그리스도에 대한 믿음을 너희가 가졌으니 사람을 차별하여 대하지 말라 만일 너희 회당에 금가락지를 끼고 아름다운 옷을 입은 사람이 들어오고 또 남루한 옷을 입은 가난한 사람이 들어올 때에 너희가 아름다운 옷을 입은 자를 눈여겨보고 말하되 여기 좋은 자리에 앉으소서 하고 또 가난한 자에게 말하되 너는 거기 서 있든지 내 발등상 아래에 앉으라 하면 너희끼리 서로 차별하며 악한 생각으로 판단하는 자가 되는 것이 아니냐_약 2:1-4

선을 행하는 각 사람에게는 영광과 존귀와 평강이 있으리니 먼저는 유대인에게요 그리고 헬라인에게라 이는 하나님께서 외모로 사람을 취하지 아니하심이라_롬 2:10-11

즐거워하는 자들과 함께 즐거워하고 우는 자들과 함께 울라_롬 12:15

독서모임을 준비하며 성경 말씀을 읽고 묵상할 때 교사가 먼저 깨닫고 느끼는 은혜가 있습니다. 성경은 오랜 세월 수많은 이들의 삶을 변화시킨 책입니다. 현대의 책과 성경을 함께 보면 성경은 역시 지금도 우리 삶에 살아 움직이는 말씀이요, 21세기를 살아가는 우리와 동떨어진 이야기가 아니라 영원불변의 진리라는 사실을 깨닫습니다.

일용할 육적 양식 준비하기 ✒

『교사 십계명』(하정완)에서 하정완 목사님은 교회학교 교사가 지켜야 할 10가지 계명을 소개합니다. 그 10가지는 '먹여라! 친구가 되어라! 이해하라! 살려라! 사랑하라! 기도하라! 입양하라! 자유케 하라! 포기하지 말라! 축복하라!'입니다. 저자가 제시하는 가장 첫 번째 계명이 '먹여라! 우리를 먹이신 예수님처럼 먹여라'입니다.

> 그들이 조반 먹은 후에 예수께서 시몬 베드로에게 이르시되 요한의 아들 시몬
> 아 네가 이 사람들보다 나를 더 사랑하느냐 하시니 이르되 주님 그러하나이다
> 내가 주님을 사랑하는 줄 주님께서 아시나이다 이르시되 내 어린양을 먹이라
> 하시고_요 21:15

　예수님은 변화된 베드로에게 나타나셔서 그가 주님을 사랑한다면 어린양을 먹이라고 말씀하셨습니다. 여기서 어린양은 믿음이 연약한 신자들을 하나님의 말씀으로 먹이라는 의미입니다. '네 양'이 아니라 '내 양'이라고 말씀하셨습니다. 전적으로 주님께서 맡겨 주신 영혼, 한 마리의 어린양이라도 정성을 다해 하나님의 말씀으로 먹이라는 명령입니다. 그런데 또 한 가지 주목할 점은 이 말씀 전에 예수님은 베드로의 그물이 찢어

질 듯 많은 물고기를 잡게 하셔서 제자들이 아침밥도 먹게 해 주신 것입니다. 제자들을 먹이신 예수님처럼 교사도 학생들과 함께 먹고 시간을 보내라는 것입니다.

청소년 사역에서 영적 양식만큼 중요한 것이 육적 양식입니다. 쉬운 말로 간식이고 밥입니다. 과거와 달리, 지금 청소년들은 교회 밖에서도 풍족하게 잘 먹는 세대이지만 여전히 육적 양식은 중요한 요소입니다. 어른들의 성가대에도 간식이 있고, 찬양팀에도 간식이 있습니다. 에너지를 써야 하는 사역은 간식이 따라옵니다. 강연을 듣는 행사에도 간식을 제공합니다.

유튜브에서 '중고등부 교사 세미나', '청소년 사역', '교사 세미나'라고 검색하면 수많은 청소년 사역자들의 강연 영상이 나옵니다. 신학적, 성경적 이야기도 있지만, 이런 강연에서 공통적으로 제안하는 내용은 학생들과 같이 밥을 먹어야 마음이 열리고 입이 열린다는 것입니다.

독서모임에도 같은 이유로 간식이 필요합니다. 몇몇 학생들은 아침밥을 거르고 주일 아침 일찍 공예배와 고등부예배를 드린 후 독서모임에 옵니다. 학생들은 꽤 오랜 시간 공복 상태입니다. 사실 교사도 마찬가집니다. 집중하고 토론할 힘이 필요합니다. 독서모임에서는 간식으로 토론할 힘을 보충해 줍니다. 공복 상태일 때보다 쉽게 입이 열리고, 마음도 열립니다(단, 모임을 인도하는 리더나 교사는 제대로 먹기 힘들 수 있습니다).

산만한 분위기를 피하기 위해 간식은 부스러기가 많지 않고 먹기 편한 것으로 준비합니다. 간단한 과자나 빵, 음료가 있으면 카페에서 수다 떠는 기분도 납니다.

코로나 사태로 한자리에 모일 수 없는 상황이라 저는 학생들이 사는 집 앞에서, 공부하는 독서실 앞에서 만나 책과 간식을 전해줬습니다. 학생들이 책을 읽으며 간식을 먹을 수 있고, 온라인 공간에서 모였을 때 먹을 수도 있습니다. 부활절 기간에 다른 교회에서 드라이브스루로 선물을 전달하는 이벤트를 보고 힌트를 얻었습니다. 다행히 우리 교회 학생들은 집이 가까워서 걸어갈 수 있는 거리였습니다. 만나는 명분은 책과 간식을 전달하는 거였지만 사실 마스크 쓴 얼굴이라도 간절히 보고 싶었던 마음이 컸던 것 같습니다.

책과 아이들을 사랑하기 🖋

> 자녀들아 우리가 말과 혀로만 사랑하지 말고 행함과 진실함으로 하자_요일 3:18

책을 싫어하고 학생들에게 무관심한 사람이 독서모임을 담당한다면 정말 고역일 것입니다. 기본적으로 독서모임을 책임지는 리더나 교사는 책을 사랑하고 학생들을 사랑해야 합니다. 그 사랑은 결코 말로만 하는 사랑이 아닐 것입니다. 사랑은 지속적으로 관심을 갖고 행동하고 실천하는 행위가 동반되어야 합니다. 물론 사랑을 표현하는 방식은 자신이 가진 달란트대로 무척 다양할 것입니다. 독서모임 담당교사가 책과 학생들을 사랑하는 방법을 몇 가지만 소개해드리겠습니다.

일상의 주파수를 책과 학생들에게 맞추기

애정이 있고 관심이 있는 일에 우리는 시간과 노력을 투자합니다. 그것에 대해 밤낮으로 생각하고 찾아보고 눈과 귀를 열게 됩니다. 그러면 새로운 아이디어들이 저절로 솟아납니다.

일단, 서점에 자주 가는 겁니다. 독서모임을 담당하는 교사는 세상 돌아가는 사정과 청소년들의 세계에 무지해선 안 됩니다. 세상의 변화를 한눈에 접하기 가장 쉬운 방법의 하나가 서점에 가는 겁니다. 휴대폰 속 자극적인 인터넷 기사나 연예계 가십보다는 세상에 대한 폭넓은 시야를 가질 수 있는 책을 자주 접할 수 있습니다. 최근 어떤 책이 출간되었고, 잘

팔리는지 둘러보고 청소년서적 코너도 훑어봅니다. 그러다가 특별히 마음에 끌리는 책을 사서 읽어 봅니다.

시간이 없거나 거리가 멀어서 오프라인 서점에 가기가 힘들면, 온라인 도서 사이트도 즐겨찾기로 등록해 놓고 자주 들어가 봅니다. 신앙 서적과 비신앙 서적 코너 모두 요즘 어떤 책들이 나와있는지 보는 거죠. 그렇게 할 시간도 없다고 하면, 도서 사이트에서 보내 주는 뉴스레터를 신청합니다. 뉴스레터는 관심 분야를 설정할 수도 있고, 요즘 화제가 되는 서적, 신간 소개 등에 관한 소식을 이메일로 받을 수 있습니다.

최근에는 책과 관련된 매체가 무척 다양합니다. 직접 책을 읽지 않아도 운전을 하거나 다른 일을 하며 오디오북을 들어도 됩니다. 출판사에서는 블로그, 페이스북, 인스타그램 등 SNS를 다양하게 활용하며 독자들과 소통하고 있습니다. 도서 관련 팟캐스트 구독을 신청하면 매주 업데이트되는 책과 작가에 관해 깊이 있는 이야기를 들을 수 있습니다. 요즘은 '북튜버'라고 책을 소개하는 유튜버도 많아서 책을 시간이 없거나 책의 핵심만 참고하고 싶은 사람들은 유튜브에서 관심분야의 책을 소개하는 북튜버의 채널을 보는 것도 좋습니다. 같은 책이라도 매체에 따라서 창의적이고 다채로운 방식으로 소개하는 세상이 되었죠.

도서 사이트와 SNS를 적극 활용해서 좋은 책이 신간으로 출간되었을 때 먼저 볼 수 있는 출판사 서평단으로 활동하는 것도 좋고, 신간을 출간한 작가들의 북토크 콘서트가 있을 때 찾아가서 직접 작가를 만나고 이야기를 들어보는 것도 흥미롭습니다.

또한 청소년과 관련된 도서에 관심을 갖고 찾아보는 겁니다. 학생들을 사랑하면 학생들에 대해 더 알고 싶습니다. 직접 만나는 것이 가장 좋고, 그렇지 않으면 책으로 간접경험을 하고 지식을 얻는 방법이 있습니다. 저는 육아경험이 없고 교육현장에서 청소년을 가르쳐 본 경험도 없어서 청소년 관련 책으로 많이 배웠습니다. 기성세대와 다른 요즘 세대의 특징, 그들의 문제와 고민, 청소년 심리, 취향, 교회학교 청소년 사역에 대해 다루는 책 등을 서점에 가서 찾아보고 도서관에 가서 책을 읽고 필사하며 공부했습니다. 물론 직접 경험하는 것보다는 한참 부족하지만 적어도 청소년들에게 하지 말아야 할 일과 해야 할 일을 파악하는 데 큰 도움이 되었습니다. 처음 고등부 교사가 되고 나서 아무것도 몰라서 눈앞이 막막할 때 책은 고마운 스승이 되어 주었습니다.

청소년 사역에 도움이 되는 책들

김현수, 『요즘 아이들 마음고생의 비밀』(해냄)

임만호, 『아이들이 교회로 몰려온다』(생명의말씀사)

경향신문 특별취재팀, 『10대가 아프다』(위즈덤경향)

정병오, 『선생님은 너를 응원해』(홍성사)

김남준, 『청소년을 위한 개념없음』(생명의말씀사)

천종호, 『호통판사 천종호의 변명』(우리학교)

천종호, 『이 아이들에게도 아버지가 필요합니다』(우리학교)

이정현, 『교사 베이직』(생명의말씀사)

이정현, 『교사 기도 베이직』(생명의말씀사)

이정현, 『중고등부 믿음으로 승부하라』(좋은씨앗)

기독교세계관교육센터, 『십 대사역 세우기』(예수전도단)

하정완, 『교사 십계명』(나눔사)

김청봉, 『성장하는 교회학교는 무엇이 다를까』(드림북)

김인환, 『교사들이여, 절대로 가르치지 마라』(두란노)

하지현, 『지금 독립하는 중입니다』(창비)

최성애, 조벽, 『청소년 감정코칭』(해냄)

임홍택, 『90년생이 온다』(웨일북)

김난도, 전미영, 최지혜, 이향은, 이준영 저 외 4명, 『트렌드 코리아 2020』(미래의창)

염한결, 이원희, 박현영, 이예은, 구지원, 김정구, 정유라, 『2020 트렌드노트』(북스톤)

공일영, 조희, 『미래가 두려운 너에게』(미디어숲)

사실 바쁘게 돌아가는 세상에서 우리가 출판 관계자가 아닌 이상, 책을 좋아한다고 해서 이것저것 다 하기는 어렵습니다. 그렇지만 사랑하면 시간을 낼 수 있습니다. 스마트폰이나 TV시청 등 다른 여가활동에 사용하

는 시간을 조금씩 줄이고 대신 책을 선택하는 겁니다. '

다른 독서모임에 참여해 보는 것도 좋습니다. 책을 좋아하는 사람들과 생각을 나누고 삶을 나누는 겁니다. 외부 독서모임에 참여해 보면 교회 독서모임을 운영하는 데 좋은 아이디어도 얻을 수 있습니다.

조금 더 체계적이고 전문적인 수준으로 독서모임을 진행해 보고 싶다면 전문자격증을 공부해 보길 권합니다. 독서지도세미나를 비롯해서 학생들의 독서를 효과적으로 지도하는 독서지도사, 토론을 지도하는 독서토론지도사, 독서논술지도사 과정을 공부할 수 있는 방법이 많습니다. 평생교육원이나 사설교육기관이 있고, 요즘에는 온라인 수업을 통해 강의를 듣고 자격증을 취득하는 경우도 있으니 각자 원하는 방식을 선택하면 됩니다.

독서모임은 가장 나답게 섬기는 방법

올해 초, 고등부 부장집사님이 저에게 이렇게 물어보신 적이 있습니다.

"선생님, 독서모임 하기 힘들지 않으세요?"
"제가 좋아서 하는 거니까 안 힘들어요."

힘들어도 힘들지 않은 이유는 단순합니다. 좋아서 하는 일이기 때문에 열정을 갖고 할 수 있습니다. 여기서 열정은 무언가 순간적으로 기쁘고 벅차오르는 기분과 다릅니다. 좋은 기분은 일시적입니다. 열정은 지속적이고 꾸준히 하는 행동에 가깝습니다. 책을 읽고 독서모임을 준비하는데 시간과 노력을 할애하는 것입니다. 저는 책이 텔레비전보다 재밌고 영화보다 재밌습니다. 제 침대 밑에는 항상 읽어야 할 책들이 쌓여 있습니다. 책이 쌓여 있으면 부자가 된 기분입니다. 독서모임은 열정에 책임감이 플러스되는 활동입니다. 내가 다른 사람보다 잘해서 하는 것이 아니고, 서툴고 부족하더라도 공부하고 노력해서 유지하는 겁니다. 책임감이 동반된 열정으로 하는 거죠.

교회 고등부 학생들은 제 일상의 비타민 같은 존재입니다. 학생들은 제 삶에 활기를 주고 제가 꽤 쓸모 있고 가치 있는 사람으로 느껴지게 합니다. 저는 고등부 교사로서의 정체성이 있기 때문에 평일에도 내 마음대로 살면 안 될 것 같고, 더 열심히 살려고 노력합니다.

저는 평소에 우리 교회 아이들에 대해 전혀 모르는 친구들에게 우리 독서모임을 자랑합니다. 친구들도 제가 독서모임 이야기를 할 때 눈빛이 반짝거린다고 합니다. 제가 사랑하는 학생들과 좋아하는 책을 이야기하는 그 시간은 가장 나답게 섬기는 방법이자, 가치 있는 시간이기 때문입니다.

사랑이 사람을 변화시킨다. 예수님이 우리를 변화시키기 위해 사용하신 것은
율법이 아니라 사랑이었다.

『교사여, 절대 가르치지 마라』(김인환) 중에서

교회학교 교사가 학생들을 사랑하는 건 당연합니다. 교회 독서모임 교사
도 독서모임에 오는 학생들을 사랑으로 품어야 합니다. 학생들은 학원처
럼 성경 지식을 습득하기 위한 목적으로 교회에 오는 것이 아닙니다. 사
랑받기 위해 교회에 옵니다. 주님의 사랑을 알고 경험하기 위해 교회에
옵니다. 학생들은 어떻게 그 사랑을 경험할 수 있을까요? 누가 그 사랑을
보여줘야 할까요? 목사님일까요? 가장 가까이에서 학생을 만나는 사람
은 교사입니다.

나는 선한 목자라 선한 목자는 양들을 위하여 목숨을 버리거니와_요 10:11

예수님은 목숨을 버리시기까지 우리를 향한 사랑을 몸소 보여 주셨습
니다. 거창하게 교사들에게 "여러분, 학생들을 위해 목숨을 버릴 각오를

하십시오!" 라고 외치지는 않겠습니다. 하지만 교사는 주님의 사랑을 먼저 알고 체험한 사람입니다. 각자의 방식대로 학생들에게 사랑을 구체적으로 표현해야 한다고 생각합니다.

저는 자타공인하는 노잼 선생님입니다. A선생님처럼 카리스마가 있는 것도 아니고 B선생님처럼 유머가 넘치는 사람도 아니고, C선생님처럼 성경 지식이 많은 사람도 아닙니다. D선생님처럼 기도를 술술 잘하지도 못합니다. 한때는 나처럼 부족한 사람이 교사해도 되나 싶어 자괴감이 들었습니다. 제가 할 수 있는 건 기도하고 책 읽고 공부하고 책에 나온 대로 따라 하는 것밖에 없었습니다.

어느 날, 고3 학생 두 명과 예배 후 교회 근처에서 국밥을 먹었습니다. 그날 이런 얘기를 했습니다. 다른 선생님들은 뭐도 잘하시고 뭐도 잘하시고 훌륭하신 분들이 많은데 나는 잘하는 게 없다고 말했습니다. 그랬더니 한 학생이 머리 위로 하트를 그리며 이렇게 말하는 겁니다.

"선생님은 '러브'가 있잖아요."

그 말을 듣자마자, 요즘 말로 '심쿵!' 했습니다. 저는 너무 감동해서 국밥집에서 울 뻔했지만 눈물을 꾹꾹 참고 밥을 먹었습니다. 나는 아이들에게 해 준 게 없었는데 사랑하는 마음을 알아주니 그렇게 고마울 수가 없었습니다.

저의 유년 시절 교회 선생님에 대한 기억은 딱 한 분입니다. 여러 선생님을 만났을 텐데 초등학생 때 뵈었던 우종선 선생님만 기억납니다. 그때 배웠던 성경 지식은 전혀 기억나지 않습니다. 그런데 우종선 선생님이 댁에 아이들을 초대해서 직접 카스텔라 빵을 만들어 주신 것. 그 빵에 대한 기억은 생생합니다. 그땐 몰랐는데 따끈하고 부드러운 빵에 선생님의 사랑이 담겨 있었습니다.

저는 지식과 언변은 부족하지만 우종선 선생님을 통해 제가 주님의 사랑을 뒤늦게 깨달은 것처럼 고등부 아이들에게 사랑을 조금이나마 전달하는 것이 교사로서의 목표입니다.

지금 생각해 보면 너무 부끄러운 일이 떠오릅니다. 새로운 반을 맡고 나서 이 학생에게 카톡으로 힘들다고 토로한 적이 있습니다. 그때도 어찌나 예쁜 마음으로 위로해 주는지 가슴이 찡했습니다. 저는 이 두 번의 경험으로 고등부를 떠날 수 없는 교사가 되었습니다.

"제가 저번에도 말씀드렸듯이 쌤의 사랑!!!!

그게 진짜 쌤의 진심이니까!!!

애들도 지금은 아니더라도 꼭 변화하고 성장할 수 있기를 바랍니다."

이 학생의 따뜻한 위로를 통해 하나님께서는 제게 두 가지 깨달음을 주셨습니다.

첫째, 나는 나답게 섬기자. 다른 선생님과 나를 비교하지 말자.

난 예수님께 받은 사랑에 대한 확신이 있다. 스킬보다 사랑이고 지식보다 사랑이다. 주님의 사랑이 필요한 아이들에게 사랑을 표현하고 나머지는 하나님께 맡기자. 어떤 방법으로든 학생들에게 사랑을 표현하자.

둘째, 독서모임은 나답게 섬기는 가장 좋은 방법이다.

독서모임은 책을 좋아하는 내게 특별히 맡겨 주신 사역이다. 책을 통해 전할 수 있는 것이 많다. 사랑하는 아이들과 책을 통해 소통하는 통로가 독서모임이다. 꾸준히 오래오래 더 열심히 섬기자.

진짜 독서는 책을 덮고 나서 시작된다고 생각합니다. 우리의 인생, 학생들의 인생도 한 권의 책입니다. 우리는 모두 세상이라는 책을 읽습니다. 각자 수십 개의 챕터를 써 내려가며 인생이라는 한 권의 책을 만들고 있습니다. 독서모임을 거쳐 간 한 학생의 멋진 기도제목으로 글을 마무리할까 합니다.

"음... 날마다 성장하면 좋겠어요."

"제일 멋진 기도제목이다.

그런 마음 자체로 넌 이미 성장하고 있는거야 "

이 기도제목이 저의 기도제목이자 독자 여러분 모두의 기도제목이 되면 좋겠습니다. 성인이 되고 나이 들어도 꾸준히 성장하고 성숙해질 수 있습니다. 이 책을 읽는 모든 분들이 책 읽는 즐거움을 통해 함께 성장하길 소망합니다.

7부.

우리 교회는
이렇게 했어요

지난 3년간 고등부 학생들과 했던 독서모임 중 인상 깊게 남았던 사례를 소개합니다.

진솔한 경험을 나누었던 순간,
소설 『아몬드』(손원평)

『아몬드』는 제가 처음으로 모임을 인도한 책이라서 많이 긴장하며 준비했던 기억이 납니다. 이 책에 쏟아지는 호평이 많지만 혹시 아쉬웠던 점이 있는지 아이들에게 물었습니다. 아이들은 사건의 개연성을 가장 많이 지적했습니다. 호흡이 빠르고 상상할 수 있는 폭이 넓다는 장점이 있지만

(10개 도시에서) '올해의 책'으로 선정될 만큼 깊이가 있는 것 같지 않다고 평했습니다. 독서 모임을 위해 이 책을 여러 번 읽으면서 키워드 중심으로 질문을 정리했습니다. 제가 질문을 과하게 많이 뽑아서 시간이 부족했지만 아이들에게 각자 맘에 드는 키워드를 고를 수 있게 충분히 준비했습니다.

아몬드

- '아몬드'라는 제목과 표지를 보고 처음 든 느낌은 어땠나?

- 윤재는 태어날 때부터 아몬드 모양의 편도체 크기가 작았습니다. 나의 아몬드의 크기는 얼마나 될까? 나는 평소에 감정표현을 잘하는가?

  > "상대에 따라서 달라요. 편한 사람에게는 잘하고 그렇지 않은 사람에게는 잘 못해요."

- 윤재의 엄마는 어릴 때부터 '정상'처럼 보이도록 윤재에게 아몬드를 먹이고 감정을 가르쳤다. 내가 만약 윤재의 부모였다면 어떻게 했을까?

윤재

- 윤재가 '비로소 인간이 되었다'라고 했는데 비로소 인간이 된다는 의미는 뭐라고 생각하는가?

- 윤재는 곤이에게 어떤 존재이며, 도라는 윤재에게 어떤 존재인가?

- 윤재가 곤이 대신 칼을 맞을 수 있었던 이유는 뭐라고 생각하는가?

곤이

- 윤재를 괴롭히던 곤이가 어느 날부터 윤재를 계속 찾아간다. 마음의 변화가 일어난 이유는 무엇인가?

- 곤이가 남긴 편지에서 '미안하다, 그리고 고마워'라고 했는데 어떤 의미에서 미안하고, 고맙다고 했을까?

- 곤이처럼 상처로 인해 거칠고 센 척하는 아이와 친구가 되는 방법은 어떤 것들이 있을까?

심박사 (윤재엄마의 친구, 빵집 주인, 전직 의사)

- 건물주인이자 전직 심장전문의사였던 심박사는 윤재와 윤재엄마에게 어떤 사람이었나?

- 나는 다른 사람의 감정에 잘 공감해 준다고 생각하는가? 어떤 방식으로 하는가?

- 우리 사회가 타인의 상황이나 감정에 잘 공감한다면 어떤 변화가 생길까?

📖 **사이코패스 (윤재가 어릴 때 아이들이 놀릴 때 쓰던 대표적인 단어)**

– 죄책감을 느끼지 못하고 공감능력이 낮은 사이코패스, 대기업과 재벌들이 권력을 이용해 약자를 괴롭히고 차별하는 폭력, 타인의 고통에 무감각한 이런 사람 사건들이 자꾸 늘어나는 이유는 뭘까?

– 이런 시대에 우리가 그리스도인으로서 할 수 있는 일은 무엇이 있을까?

📖 **고통**

– 친구의 고통이나 어려움을 나눌 방법은 어떤 것들이 있을까?

– 다른 사람이(가족, 친구, 선생님) 나의 고통이나 아픔에 공감해 준 경험이 있는가? 그때 어떤 걸 느꼈나?

📖 **로봇**

– 감정을 느낄 수 없지만 능력은 뛰어난 로봇이 친구를 대체할 수 있다고 생각하는가? 그 이유는?

– 인공지능(A.I)시대에 인간이 인공지능보다 잘할 수 있는 역할은 어떤 것들이 있을까?

📚 친구

– 윤재와 곤이가 친구가 될 수 있었던 이유는 뭐라고 생각하는가?

– 나의 친한 친구들과 가까워진 계기는 어떤 것들이 있는지 각자의 경험을 이야기해보자.

> "중학교 때, 곤이처럼 내면에 화가 많아서 분노 조절이 어려운 친구와 싸운 적이 있어요. 사실 싸웠다기보다는 제가 팼어요. 그 친구도 화를 잘 못 참는 성격이었는데 곤이랑 다른 점은 싸울 때마다 매번 지는 약한 아이였어요. 하루는 그 애가 그동안 저를 화나게 한 만큼 실컷 패줬거든요. 결국은 그 친구가 먼저 찾아와서 사과해서 받아줬어요. 그 후로 친구로 지냈어요. 그 일이 있고 나서 그 친구를 잘 이해할 수 있었고 도와줄 수 있었어요."

> "저는 사실 제가 청소년 시절 욱하는 기질이 있었고 화가 많은 아이였어요. 이 책을 읽고 생각나는 친구가 있었어요. 화를 잘 내는 저를 끊임없이 사랑으로 받아주고 때로는 애정 어린 충고도 했던 친구가 떠올랐어요."

📚 괴물

– 윤재는 어릴 때부터 괴물, 비정상이라는 말을 듣고 자랐다. 윤재는 비정상인가?

– 튀지 않고 남들과 비슷한 삶을 살아야 정상인가?

– 윤재의 할머니는 윤재를 처음 맥도날드에서 만난 날 '귀여운 괴물'이

라고 불렀다. 이건 어떤 의미일까?

계획했던 대로 한 사람씩 돌아가며 맘에 드는 키워드의 종이를 뽑고 종이에 적힌 질문에 대답하게 했습니다. 다른 친구들도 자유롭게 대답하게 했습니다. 인도자가 아무리 열심히 준비해도 아이들이 꿀 먹은 벙어리처럼 앉아 있으면 난처했을 텐데 의외로 아이들은 편하게 자신의 경험을 솔직하게 얘기했습니다.

키워드 '아몬드'를 뽑은 세현이는 '나는 평소에 감정표현을 잘하는가?'라는 질문에 상대에 따라서 다르다고 했습니다. 이 친구는 교회에서 봤을 때 상당히 과묵한 성격의 아이라고 여겼습니다. 하지만 이 말을 듣고 내가 아는 모습이 극히 일부분일 수도 있겠구나, 더 가깝거나 편한 사람들과 있을 때는 다른 모습도 있겠구나 혹은 이 친구의 입장에서는 아직 교회라는 공간이 자신의 감정을 표현하기에 그리 편하지 않은 곳일 수도 있겠다고 생각할 수 있었습니다.

이날 가장 기억에 남는 이야기는 3학년 조윤서의 경험담이었습니다. 평소 조용하고 순박한 이미지였던 윤서는 '친구'라는 키워드를 뽑았습니다. 저는 윤서가 친구를 때렸다는 사실 자체로 많이 놀랐습니다. '어머나, 교회에서 이렇게 조용한 아이가 친구를 때렸다니!'이런 생각도 제가 그 아이의 겉모습만으로 가진 편견 때문이었겠죠.. 이미 지난 일이라고 해도 윤서는 다른 사람의 이야기를 하듯이 너무나 담담하게 얘기했습니다. 그런데 저와 다르게 윤서는 친구에 대한 편견이 없었습니다.

현재 신학대학원에 다니는 옥은솔 선생님의 이야기도 더해졌습니다. 청소년 시절 자신을 진심으로 사랑해준 친구 덕분에 예수님의 사랑을 경험했고 신앙과 인격이 성숙해진 것 같습니다. 그 친구의 근황이 궁금해서 물었더니 우리가 모두 잘 아는 이상민 선생님이었습니다. 지금도 두 청년 선생님은 둘도 없는 절친이자, 신앙의 동역자로 활동하고 있습니다.

이 책은 얘기할 거리가 많아서 주어진 시간에 준비한 내용의 절반도 못했습니다. 그래도 전혀 예상치 못했던 진솔한 경험을 이야기하고, 서로가 더 깊이 알아가는 시간이었습니다.

전체를 관통하는 하나의 키워드는 윤재의 성장과 변화를 이끌었던 '공감'이었습니다. 성경에서 예수님은 언제나 아프고 지친 사람들의 감정에 먼저 다가가시고 그들의 마음에 공감하셨던 분이었습니다. 우리도 예수님처럼 다른 사람의 아픔에 공감하고 배려하는 그리스도인이 되자는 마음으로 다음 성경 구절을 나누었습니다.

적용할 수 있는 성경 구절

주께서 과부를 보시고 불쌍히 여기사 울지 말라 하시고_눅 7:13

예수께서 불쌍히 여기사 그들의 눈을 만지시니 곧 보게 되어 그들이 예수를 따르니라_마 20:34

예수께서 그들의 믿음을 보시고 중풍병자에게 이르시되 작은 자야 네 죄 사함을 받았느니라 하시니_막 2:5

즐거워하는 자들과 함께 즐거워하고 우는 자들과 함께 울라_롬 12:15

예수께서 눈물을 흘리시더라_요 11:35

그는 멸시를 받아 사람들에게 버림 받았으며 간고를 많이 겪었으며 질고를 아는 자라 마치 사람들이 그에게서 얼굴을 가리는 것 같이 멸시를 당하였고 우리도 그를 귀히 여기지 아니하였도다_사 53:3

우리가 프로불편러가 되어야 하는 이유

사회과학 「선량한 차별주의자」(김지혜)

이날 모임은 온라인 모임으로 늦은 저녁 시간에 모였습니다. 학생들의 이야기를 통해 그동안 몰랐던 속 깊은 생각을 들여다볼 수 있었습니다. 학생들은 교사가 생각하는 것보다 성숙하고 진지했습니다. 독서모임에서 교사는 직접 무언가를 가르칠 필요가 없다는 것에 확신이 생겼습니다.

📖 감명 깊었던 구절이나 인상적인 장면 나누어 보자.

"장애인에게 '희망을 가져라'라는 말이 겉으로는 좋은 말인데 다른 시점으로 보면 사실 내포하는 의미는 안 좋은 의미라는 걸 보고 조금 더 생각을 많이 해야겠다고 느꼈어요. 난민에 대한 차별이나 혐오증이 극에 달해서 이런 거에 대해서 허위 사실이나 이런 게 조장되는 말이 나와도 사람들이 이미 고정관념이 박혀 있기 때문에 진실이 나와도 수긍하지 않고 자신이 처음에 배웠던 것만 따라가는 것에 대해서 이런 건 좀 아니라고 생각했어요."

"'차별에 관한 책을 한 권 마치는 이 순간에도 나는 여전히 차별을 잘 안다고 말할 수 없다'는 말에 많이 공감했고 항상 배우려고 하고 조심하는 태도를 가지는 게 중요하다고 생각했고 그런 노력을 해야지 서로 다른 사람들이 모여 살아갈 수 있다고 생각했어요."

"노키즈존 얘기가 나오잖아요. '왜 어떤 집단은 특별히 잘못이 없어도 거부되는데, 어떤 집단은 개별적으로만 문제삼고 집단으로는 문제삼지 않을까?'라는 문장을 작년에 헌법 수업 시간에 노키즈존에 대한 걸 주제로 논설문을 쓸 일이 있었거든요. 이야기를 하면서 노키즈존은 당연히 안 된다는 친구가 있었지만 의외로 그게 정당한 상점 주인의 권리라고 생각하는 친구가 많더라고요. '저렇게 생각할 수도 있겠구나.'생각은 했었는데 여러 가지 이 책에서 얘기했던 부분을 생각해 볼 때 이건 잘못된 게 맞는 것 같고 지양할 필요가 있을 것 같다는 생각을 좀 했었어요."

📖 **표지 그림에 어떤 의미가 담겨 있다고 생각하는가?**

"흰 오리 네 마리랑 검은 오리 한 마리가 있는데 제목이 '선량한 차별주의자'잖아요. 보편적으로 흰색이 선을 상징하고 검은색이 악을 상징하잖아요. 근데 이 흰 오리들은 제가 생각하기에 그거에요, 선량한 차별주의자. 그래서 자신들이 옳다고 믿고 있는 거죠. 왜냐면 자신은 선량하다고 믿으니까요. 그리고 검은 오리는 한 마리인데 흰 오리는 다수잖아요. 결과적으로 검은 오리가 착하고 흰 오리가 나쁜 건데 검은 오리만 상처를 많이 받았어요. 왜냐면 선량한 차별주의자들 때문에요. 전 그렇게 해석했어요."

"이 책 내용을 포괄적으로, 되게 직관적으로 보여 주는 그림이라고 생각했어요. 그러니까 다수의 흰 오리가 있고, 소수의 검은 오리가 있잖아요. 책의 제목과 고려해서 볼 때 흰 오리들은 자기가 검은 오리한테 뭘 했는지 사실 모르고 있다는 생각도 들고, 그냥 검은 오리의 존재에 대해서 딱히 별 생각도 없는 것 같은데 그래도 검은 오리는 상처를 받은 걸 보여 주고 있다는 생각이 들었어요."

📖 **인권 감수성을 키우기 위해 개인적, 사회적 차원으로 할 수 있는 일은? (*학생 질문)**

"일단 소수자들의 목소리에 귀를 기울이는 걸 자기 스스로 노력할 필요가 있고 교육적으로도 가르칠 필요가 있다고 생각해요. 독서나 인문학교육 같은 게 좀 중요하다고 생각을 했던 게 일단 이 인권 감수성을 키우기 위해서 공감하는 능력이 필요하다고 생각을 하거든요. 근데 이렇게 공감하는 능력은 타인의 삶에 대해서 알고자 할 때나 그런 것에 대해서 역지사지(易地思之)가 될 때 생긴다고 생각하는데 인문학 공부를 하고 책을 읽음을 통해서 다른 사람들의 삶을 들여다볼 수 있다고 생각해요. 자기가 겪어 보지 못한 경험을 책을 통해 간접경험 할 수 있고, 또 책을 읽고 나서 대화를 해 보면 읽은 사람마다 감상이 다르잖아요. 그런 대화를 통해서도 다른 사람들이 어떤 생각을 하는지 알 수도 있고요. 그렇게 해서 자기가 겪어 보지 못한 삶에 대해 이해할 수 있는 도구가 생긴다고 생각해서 독서나 인문학 교육을 좀 더 강조하는 게 필요하다고 생각했어요."

"생각보다 살아가면서 차별받고 그런 경우를 무심코 넘어가는 부분들이 많단 말이에요. 그런 부분을 잘 보면서 생각하고 '다음번엔 저런 상황이 오면 그러지 말아야겠다'고 스스로 다짐하고 생각해야 할 것 같아요. 또 사회적으로는 권고를 해줬으면 좋겠어요. 예를 들면, 학교 같은 곳에서 이런 건 이런 거니까 하면 안 된다는 식으로 정보를 알려 주는 식으로 해 주면 좋을 것 같아요."

"미디어에 사회적 약자들이 많이 드러나면 그것도 도움이 될 것 같다고 생각했어요. 텔레비전 드라마나 영화 같은 매체에 사회적 약자들이 나오는 거죠. 예를 들면, 옛날 미국영화에는 백인 위주의 이야기가 나오는데 사회 주류세력들 외에 비주류집단들도 미디어에 많이 등장하면 사람들이 더 관심을 가질 것 같아요. 국회에도 성비나 이런 걸 따졌을 때 지역구의원은 장애가 없고 건강한 성인 남성이 대부분을 차지하잖아요. 국회에도 다양한 특성을 가진 사람들이 들어가면 소수자를 위한 법안도 법제화될 수 있겠다는 생각이 들어요."

📖 책 61쪽부터 3장에 지방의 분교캠퍼스와 본교캠퍼스, 지방대에 대한 학생들의 인식이 나온다. 한국 사회에서 명문대생은 긍정적 고정관념, 지방대생에게는 부정적 고정관념이 뿌리 깊이 존재한다. 대학 간판에 대한 고정관념에 대해 어떻게 생각하는가? 대학 진학을 선택할 때 가고 싶은 학과와 대학 간판 중에 어느 쪽을 택하겠는가?

"분명 대학 간판에 대한 고정관념이 박혀 있는 건 맞는데 전 크게 상관은 안 할 것 같아요. '네가 ○○대학교를 나왔는데 그래서 ○○하다'라고 말한다고 하면 저는 거기에 대해서 충분히 반박할 수 있기 때문에 딱히 그렇게 큰 문제라고 생각 안 해요."

"만약에 저한테 지방대 경영학과랑 수도권 철학과 중에 고르라고 하면 저는 수도권 철학과를 갈 거에요. 경영을 복수전공하면 되니까. 초, 중, 고 12년 동안이나 혹은 그 이전부터 이미 대학 잘 가면 성공한 거다 라는 이야기를 듣고 살고 그런 걸 주입 당하잖아요. 지방대랑 수도권 대학 사이에 인식이 바뀌려면 사회 전반적인 풍조가 학벌주의 풍조부터 개선돼야 한다고 생각해요. 씁쓸한 현실인 것 같아요. 이때까지는 당연했지만 이제 와서 아니라고 하면 그 사람들 입장에선 그렇게 느낄 수도 있을 것 같아요."

누군가를 비하하고 조롱하는 혐오, 차별적 표현을 지적하면 "웃자고 하는 소리인데 왜 그러냐"는 말을 들을 때가 있다. 그런 사람에게 어떤 말을 해 줄 수 있을까?

"저런 상황에서 똑같이 해 주면 돼요. 꼭 저렇게 말하는 사람이 그 말을 자기가 들으면 진짜 싫어하거든요. 그래서 똑같이 말해 주면 자기도 잘못된 걸 알고 고치겠죠. 만약에 안 고친다고 하면 어쩔 수 없는 거고. 저는 똑같이 말해줄 것 같아요."

그렇게 얘기했는데 분위기 싸해질 때도 있잖아?

"근데 저는 분위기보다는 제가 옳다고 생각하는 말을 하는 게 더 중요하다고 생각하기 때문에 아마 그렇게 말할 것 같아요."

"이런 문제에 대해서 처음 인식하고 난 다음부터는 차별적 표현을 한 사람이 있으면 바로 이 말은 이러이러한 이유로 차별적인 표현인 것 같기 때문에 지양해야 하는 게 맞는 것 같다고 얘기했어요. 근데 그렇게 얘기 하면 솔직히 진지하게 듣는 사람은 별로 없고 보통 저한테 예민하다고 뭐라 그러는 경우가 많아서……. 예전에는 그런 얘기를 했을 때 어느 정도 들을 사람은 파악이 되잖아요. 그래서 뭔가 들을 만한 사람이라고 생각되면 한두 번 정도 이야기를 해 주고 안 통할 것 같다 싶으면 그냥 '계속 그렇게 살아라' 속으로 생각하면서 두는 편이에요."

교회 공동체 혹은 친구들, 어른들, 선생님들에게서 느꼈던 차별, 고정관념, 편견 때문에 마음이 불편했던 경험을 솔직하게 나눠 보자. 그때 어떤 감정을 느꼈나?

"부모님께 받은 차별과 고정관념 같은 건데 제가 좀 외적인 부분에 관심이 많아요. 그래서 옷도 특이하게 입는 것도 있고 꾸미는 거에 관심이 많아요. 예를 들어, 고데기 같은 것도 남자들은 잘 안 하잖아요. 근데 저는 머리카락이 너무 신경 쓰여서 그런 걸 하거든요. 근데 충분히 할 수 있는 행동이잖아요. 나쁜 것도 아닌데 그걸 하면 엄마, 아빠가 학생답게 하라고 계속 그렇게 말하니까 조금 그렇죠. 학생다운 거랑 어른다운 거랑 딱히 선을 그어놓은 것도 아닌데 그렇게 계속 말하면 조금 섭섭하고 서운하죠."

"중학생 때 소아마비 봉사자가 썼던 글을 읽었어요. 텔레비전 개그프로에서 개그맨이 소위 말하는 엽사(엽기사진) 같은 걸 찍을 때 짓는 표정으로 손가락을 꼬는 장면이 나왔는데 병원 안에 있는 사람도 그렇고 방청객도 그렇고 재밌어하면서 웃고 있었다는 거예요. 근데 소아마비를 앓고 있는 애가 그걸 보고 "자기가 웃긴 존재냐고 하면서 우는 걸 보고 충격받았다는 글이었어요. 그런 사진 찍는 게 장애인 혐오라는 걸 인식하게 되어서 지양해야겠단 생각이 들었어요. 단체 사진 찍을 때마다 장애인의 신체를 희화화하는 행동이라 생각해서 지양하는 게 맞지 않겠냐고 하면 너무 예민한 것 같다고 하거나. 아니면 그런 병을 앓고 있지도 않은데 그렇게까지 신경써야 하냐 이런 말까지 들어서 참담했던 적이 있었어요. 그래서 눈치도 많이 보였죠. 악의적으로 한 행동이 아닌 것도 알고 있으니까요. 그런 얘기를 계속 하다 보면 좀 지치잖아요. 지금은 그러려니 하고 넘어가고 저는 사진 안 찍고 빠지는 편이에요."

"제가 보컬을 전공으로 선택했을 때 주변 친구들은 긍정적인 반응을 보였지만 어른들은 좋은 시선으로 보시지는 않더라고요. 굳이 말씀하지 않더라도 시선이 다 느껴져요. 그럴 때마다 기분이 상했는데 예전에는 음악 하는 사람들이 딴따라 취급당하는 경우가 많다 보니까 그런 고정관념을 갖고 계신 분들에 한해서는 아직 좋지 못한 이미지로 남아 있는 것 같아요. 음악으로 대학 가는 건 대학을 못 가는 거랑 비슷하지 않냐는 이야기도 있었어요. 아무래도 조금 화가 났죠. 어떻게든 (음악은)자신을 표현하는 방법 중 하나라고 생각했는데... 그래서 화가 났던 것 같아요."

📖 7장에서 성소수자 혐오에 대해 나온다. 성소수자들과 일부 기독교 단체와의 갈등이 심한데 어떻게 생각하는가? 기독교 단체의 동성애 반대 운동에 찬성하는가, 반대하는가? 의견을 나눠 보자.

"당연히 반대하죠. 기독교의 가장 중요한 교리는 사랑이라고 생각하거든요. 동성애자도 사랑해줘야 할 존재에요. 기독교 단체에서 무언가를 혐오한다는 자체가 말이 앞뒤가 안 맞는 것 같고 강압적으로 막기보다는 포용해줘서 없애야 할 문제라고 생각하기 때문에 저는 반대해요."

"반대해요. 사람이 사람한테 그렇게 노골적으로 존재에 대해 불쾌감을 드러내고 혐오감을 드러낼 권리는 없다고 생각하거든요.

"저도 반대해요. 동성애를 감싸줄 수는 없지만 이걸 혐오하고 반대하는 집회를 한다고 해서 이 사람들에게 영향을 미칠 수 있는 건 사실 아무것도 없다고 생각하거든요. 개개인의 의견을 밀어내고 반대하는 것에 대해서는 기독교 단체가 할 도리가 아니지 않나 하는 생각이에요."

📖 모두에게 물어보고 싶은 게 있는데 동성애에 대한 생각이 사회적으로 많이 바뀌고 있잖아요. 다양한 매체에서도 다루고 동성애가 아름답게 표현되는 경우도 있는

데 기독교인의 시선으로 바라볼 때 어떤 생각을 하는지? 사실 얼마 전 면접 연습 질문으로 '기독교인으로서 동성애에 대한 영상물을 만들어내라고 했을 때 어떻게 만들 것인가?'라는 질문을 받았는데 질문을 듣고 순간 멘붕이 오는 거예요. 제 영상물을 통해 모두가 공감하게 만들어야 하는데 고민이 많이 되더라고요(*연출 입시를 준비하는 학생 질문).

"일단 많이 공부를 해 보고 정확히 확신이 안 선다거나 고민이 남아 있다면 섣부르게 주관을 섞기 보다는 객관적인 소재로만 다루고 그것에 관한 판단은 보는 사람들에게 맡기는 게 현명하다고 생각합니다. 동성애를 아름답게 포장하고 실제보다 미화해서 표현하는 것 자체를 실제로 동성애자들도 좋게 생각하지 않는 것 같고 그것도 일종의 혐오가 될 수 있다고 생각하거든요. 그래서 자기 중심을 잘 지키고 있으면 된다고 생각합니다. 폭력적인 영상이 문제가 되는 것도 가해자의 시선에서 포르노적으로 표현했을 땐 논란이 되지만 사실 그대로 드러냈을 때는 사회적인 메시지로 해석이 되잖아요. 동성애 관련 영상도 그렇게 생각하면 괜찮을 것 같아요."

"좀 어렵네요. 잘 만들면 될 것 같은데 개인의 역량에 달렸다고 생각해요. 사회의 시선으로부터도 자유로우면서 기독교인으로서의 생각도 담은 영상을 잘 만들면 되겠죠."

📖 이 책을 읽고 새롭게 깨달은 점과 실천할 점을 나눠 보자.

"전 책을 다 읽지는 않았지만, 질문을 보고 여러 가지 사회 문제에 대해서 다양한 시각으로 볼 필요가 있지 않나 그런 생각을 했어요."

"저희가 좀 더 생각을 많이 하고 예민해져야 한다는 걸 깨달았어요. 왜냐면 저희가 모르는 사이에도 차별적 표현이 오가고 있었으니까요. 그리고 이런 책뿐만 아니라 여러 매체에서도 많이 다뤄지게 공론화를 시켜야 된다고 생각했어요."

"책을 읽고 생각하는 힘과 공감하는 힘을 기르는 게 중요한 시기라는 생각이 들었고 소수자들의 목소리를 그 사람들의 입장을 생각하며 들을 필요가 있다고 생각했어요. 이것도 공감능력을 기르는 것과 비슷한 맥락인 것 같거든요. 책에서 인상 깊게 봤던 게 미국의 몽고메리 버스 보이콧(Montgomery Bus Boycott) 운동 사례랑 장애인 이동권 보장 촉구 시위 사례를 들면서 기득권층이 소수자의 시위에 대해 굉장히 시혜적인 태도를 보여주잖아요. 그걸 보면서 소수자들의 목소리를 그 사람들의 입장에서 들을 필요가 있다고 생각했어요. 소수자들이 그런 방법으로 목소리를 내는 이유를 좀 더 이해할 수 있을 거란 생각이 들었고 그래서 소수자들의 맥락을 좀 더 공감해 주는 사회가 되면 좋겠어요."

이 책을 덮고 나면 누구나 '선량한 차별주의자'라는 사실을 깨닫습니다. 때로는 불편하고 나와 상관없어 보이는 이슈도 나와 연관이 되어 있습니다. 차별이 만연한 사회일수록 개인의 삶도 불안하고 고단해집니다. 사회가 평등하면 우리가 함께 여유로워지고 행복해질 수 있기 때문에 저자는 이 책을 썼다고 합니다. 무의식중에 하는 차별적 말과 행동이 누군가에겐 모욕과 상처가 될 수 있다는 점을 새겨야 합니다. 그러므로 우리는 '프로불편러'가 되어야 한다고 생각합니다. 일상의 차별을 줄이기 위해 우리는 세상을 예민하게 바라볼 필요가 있습니다. 성경에도 모든 사람을 차별하지 말고 평등하게 대하라고 나와 있습니다. 또한 차별로 인해 고통받는 이들에게 어떻게 해야 하는지 구체적으로 나와 있습니다.

적용할 수 있는 성경 구절

하나님이 자기 형상 곧 하나님의 형상대로 사람을 창조하시되 남자와 여자를 창조하시고_창 1:27

여호와께서 사무엘에게 이르시되 그 용모와 키를 보지 말라 내가 이미 그를 버렸노라 내가 보는 것은 사람과 같지 아니하니 사람은 외모를 보거니와 나 여호와는 중심을 보느니라_삼상 16:7
베드로가 입을 열어 말하되 내가 참으로 하나님은 사람의 외모를 보지 아니하시고 각 나라 중 하나님을 경외하며 의를 행하는 사람은 다 받으시는 줄 깨달았도다_행 10:34-35

하나님은 다만 유대인의 하나님뿐이시냐 또한 이방인의 하나님은 아니시냐 진

실로 이방인의 하나님도 되시느니라_롬 3:29

내 형제들아 영광의 주 곧 우리 주 예수 그리스도에 대한 믿음을 너희가 가졌
으니 사람을 차별하여 대하지 말라 만일 너희 회당에 금가락지를 끼고 아름다
운 옷을 입은 사람이 들어오고 또 남루한 옷을 입은 가난한 사람이 들어올 때
에 너희가 아름다운 옷을 입은 자를 눈여겨보고 말하되 여기 좋은 자리에 앉으
소서 하고 또 가난한 자에게 말하되 너는 거기 서 있든지 내 발등상 아래에 앉
으라 하면 너희끼리 서로 차별하며 악한 생각으로 판단하는 자가 되는 것이 아
니냐_약 2:1-4

너희가 만일성 경에 기록된 대로 네 이웃 사랑하기를 네 몸과 같이 하라 하신
최고의 법을 지키면 잘하는 것이거니와 만일 너희가 사람을 차별하여 대하면
죄를 짓는 것이니 율법이 너희를 범법자로 정죄하리라_약 2:8-9

즐거워하는 자들과 함께 즐거워하고 우는 자들과 함께 울라_롬 12:15

공간 소비를 통해 들여다본 다음 세대의 특징
인문 『어디서 살 것인가』

『어디서 살 것인가』는 어떤 공간이 우리를 행복하게 하고 삶을 풍요롭게 하는지, 우리가 지향하는 삶의 방향에 부합하는 도시의 모습은 어떠해야 하는지를 다양한 사례를 통해 풀어낸 책입니다. 2019년 원북원부산운동 선정도서이기도 합니다. 시험기간도 있었고 고등학생이 한 달간 완독하기에는 분량이 많은 편(380쪽)이라 두 번으로 나누어 모임을 진행했습니다. 주로 학생들이 소비하는 공간, 좋아하는 공간에 관한 이야기를 나누었습니다. 모두가 한목소리로 인상적이었다고 하는 부분은 교도소와 학교 건물을 비교한 사진이었습니다. 학교가 감옥 같다는 말이 괜히 나온 말이 아닌 것 같습니다. 학생들의 이야기를 들어보면 기성세대와 다른 성향과 생각을 들여다볼 수 있어 흥미로웠습니다.

1차 모임 : 『어디서 살 것인가』 1~6부

📖 가장 흥미로웠던 내용은?

"전체적으로 재밌었어요. 27쪽에 나온 교도소와 학교를 비교한 사진이 너무 비슷해서 놀랐어요. 교도소에서 규칙에 따라 생활하는 것과 학교에서 규칙적인 생활을 하는 것도 비슷하고요."

"학교 구조에 대한 이야기가 인상적이었어요. 학교와 교도소의 사진을 제시하면서 두 건물이 별반 다르지 않다고 말하는데 사실 예전부터 알고는 있었지만 사진을 통해 보니 그냥 글로 읽고 알고 있던 것보다 훨씬 더 실감나서 조금 충격을 받았어요. 아마 교도소 마당에 죄수복을 입은 수감자들 몇 명이 같이 찍히지 않았더라면 정말로 구분하지 못했을 것 같아요."

"천장 높이와 창의성의 상관관계에 관한 내용이 공감됐어요."

📖 힙합가수가 후드티를 입고, 헤드폰을 끼는 이유로 자기만의 공간을 확보하고 시선을 차단하고 자기 영역을 만드는 방법이라고 나온다. 동의하는가?

"네. 동의해요. 저도 나가서 걸을 때 후드티 입고 헤드폰을 끼고 다니거든요."

"저는 동의하지 않아요. 헤드폰을 끼는 건 자신만의 공간을 확보한다기보다는 다른 사람에게 피해를 주지 않기 위해 혼자서 음악을 듣는 거죠."

📖 중학생에게 편의점은 가벼운 주머니 사정으로 감시를 벗어난 사적 공간이라고 한다. 나에게 편의점은 어떤 곳인가?

"돈이 없으니까 친구랑 가서 라면도 먹고 수다 떠는 곳이에요. 그리고 밤늦게 친구랑 갈 만한 곳이 없어서 24시간 편의점을 가요. 그래서 집에서 가까운 편의점보다는 테이블과 의자가 편한 편의점을 일부러 찾아서 가기도 해요. 부산은행 옆에 있는 편의점을 선호해요."

"저는 편의점에 자주 안 가요."

📖 천장이 높은 곳에서 아이디어가 더 많이 발현되고 창의성이 더 많이 나올 수 있다고 했다. 나에게 창의성이 높아지는 공간은 어디인가? 혹은 공부할 때 집중력이 높아지는 곳은 어디인가?

"창의성이 높아지는 곳은 특별히 없는 것 같고, 집중력이 높아지는 곳은 제 방이요."

"평소 지내는 장소보다는 탁 트인 바깥으로 나가는 게 창의성이 높아지는 것 같아요. 천장이 높거나 하늘이 뚫려 있는 곳이요."

"집중력이 높아지는 곳은 학원 자습실이요."

"저는 공부할 때 옆에서 들릴 만큼 중얼거리는 편이어서 집이 공부하기 편해요. 방문을 닫고 있어도 거실에 계시는 부모님 귀에 들릴 정도로 크게 하거든요. 그래서 조용해지면 부모님이 "너 공부 안 하지?"라고 말씀하세요. 사실 조용히 있는 경우는 휴대폰을 갖고 놀 때에요."

📖 내가 좋아하는 공간은 어디인가? 그 이유는?

"제 침대요. 편안해서요. 이사를 오고 제 방이 생기고 난 후로 개인 공간에 대한 애착이 커졌어요."

"제 방이요. 문 닫고 혼자 편하게 놀기도 하고 쉴 수도 있으니까요."

"저는 시골 할머니 댁을 좋아해요. 안동인데 주변에 아무것도 없고 조용해서 좋아요."

📖 우리 교회 고등부 예배당은 공간적으로 어떤 생각이 드는가? 개선했으면 하는 점은?

"익숙해져서 별 생각이 없어요."

"책상이 불편해요."

"전체적으로 인테리어 색깔이 어두워서 분위기가 어두웠는데 블라인드를 밝은색으로 바꾸고 나서 지금은 개선된 것 같아요."

2차 모임 : 『어디서 살 것인가』 7~12부

📖 1980년대까지 철저하게 남녀 공간이 분리되어 있던 청소년들에게 유일한 해방구는 교회였고 남녀가 자연스럽게 함께 소통할 수 있는 매력적인 장소였다. 지금은 시대가 바뀌어 남녀공학이 많고 여러 다양한 문화와 매체의 발달로 교회의 젊은 인구가 줄어들고 있다. 청소년의 관점에서 요즘 교회학교 청소년이 감소하는 이유는 뭐라고 생각하는가?

"시간이 없어서요."

"학업량이 방대해서 시간이 부족해서요."

"전체 학생 인구가 줄어서요."

📖 과거에 건축을 통해 권력을 과시했다면, 현대는 미디어가 권력을 만드는 시대다. 방송시스템이 과거의 신전 건축이라고 한다. TV나 영화에 나올 수 없는 일반인들이 일종의 권력을 갖기 위해 각종 SNS나 유튜브에 자신의 사진이나 콘텐츠를 올린다. 동의하는가? 자신이 SNS를 하는 이유를 이야기해 보자.

"요즘은 SNS를 거의 안 하는데 할 때는 친구들의 일상을 보려고 해요."

"저는 SNS계정도 없는데요. 해외에 있는 친구들과 연락하려고 해요."

"저도 그렇고 친구들도 처음에는 좋아하는 연예인 SNS을 보려고 시작했는데 지금은 친구들이 어떻게 지내는지 일상을 공유하려고 해요."

📖 기성세대가 개인적 공간을 확장하는 의미로 여행을 선호하고, 자녀세대의 우선순위는 스마트폰으로 영화, 음악, 게임, 만화 등을 즐기는 것을 선호한다고 한다. 두 세대 간의 차이는 '공간 VS 미디어'라고 할 수 있다. 각자 선호하는 것을 이야기해 보자.

"상황에 따라 달라요. 시간이 없을 때는 미디어를 선호하고, 시간과 여건이 허락할 때는 여행이 좋아요."

"저는 한때 스마트폰 게임 중독이었어요. 게임을 400~500개 해 봤을 정도로 중독됐는데 다 해 보니 아무 의미 없고 남는 게 없는 걸 깨달았어요. 그래서 지금 독서모임에도 오는 것 같아요."

"미디어를 선호해요. 어디 다니는 것보다 집에서 책 읽고 휴대폰으로 노는 게 좋아요. 가족끼리 휴가를 갈 때도 그리 멀지 않은 곳으로 호캉스를 가서 각자 책 읽거나 하며 놀아요."

📖 주일날 교회에 올 때 느끼는 마음은 다른 장소에 갈 때와 어떻게 다른가? 예배를 기대하는 마음이 있는가?

"없어요. 아침에 바빠서 학교 갈 때 급히 가는 거랑 똑같아요."

"예전에는 교회 올 때 기대감이나 설렘이 있었는데 지금은 잘 모르겠어요."

📖 이번 책과 모임에 대한 총평을 메모지에 간단히 써 보자.

"건축으로 시대를 바라볼 수 있다는 것을 알았고 모임을 통해 그런 생각들을 정리할 기회가 되었다. 남들이 어떤 눈으로 보는지도 알 수 있었다."

"이번 책도 저번 책이랑 비슷하면서 새로웠다. 건축이라는 우리 생활 속에 익숙한 주제를 정말 다양한 관점으로 설명하고 풀이해 주어서 즐겁게 읽었던 것 같다."

"평소에 공간에 대해 별다른 생각이 없었는데 이 책을 읽고 생각해 볼 수 있었던 것 같다."

교회학교 인원이 줄어드는 문제에 관해 해마다 교사들끼리 머리를 맞대고 고민해 보지만 뚜렷한 해답은 찾지 못하고 마음이 무거워졌던 기억이 있습니다. 학생들의 의견이 궁금했는데 가장 큰 이유로 꼽는 건 절대적인 시간 부족이었습니다. 믿음이 좋다고 하는 학생들도 신앙을 지키기 위해 삶의 자리에서 수많은 유혹과 싸우고 있습니다. 잠자고 밥 먹을 시간이 부족해서 건강을 해칠 때도 있습니다. 저는 청소년 시기에 그렇게 살지 못했는데 고군분투하는 학생들이 대견스럽고 고맙고 안쓰럽습니다. 이런 현실은 교사가 직접 해결해 줄 수 있는 문제가 아니라서 무력감에 빠질 때도 있었습니다. 하지만 고민하고 씨름할 때마다 결론은 같았습니다. 하나님께 의지하는 것, 그리고 지금 내가 있는 자리에서 학생들을 위해 할 수 있는 일을 하는 것입니다. 우리는 교회보다 다른 일상의 공간에서 훨씬 많은 시간을 보냅니다. 그리스도인은 발을 딛고 있는 물리적인 공간보다 더 중요한 공간이 있습니다. 우리 영혼이 머무르는 공간, 마음의 중심이 어디에 있느냐입니다. 학교에 있든, 직장에 있든, 가정에 있든 우리 마음의 중심은 늘 하나님께 머물러야 한다는 메시지를 전하며 마무리했습니다.

퀴즈 : 건축의 가장 근본은 집이다. 우리가 영원히 거해야 할 집은 (   )
이다.

정답: 하나님의 집

적용할 수 있는 성경 말씀

내 평생에 선하심과 인자하심이 반드시 나를 따르리니 내가 여호와의 집에 영원히 살리로다_시 23:6

진지충이어도 괜찮아

문학 『데미안』(헤르만 헤세)

'새는 힘겹게 투쟁하여 알에서 나온다', '너 자신만의 길을 가라.' 『데미안』
(헤르만 헤세)하면 떠오르는 구절입니다. 저는 중학교 때 이 책을 읽다가 포
기했습니다. 평범한 중학생이 소설 속 난해하고 상징적인 표현을 해석하
기엔 너무 어려웠습니다. 성인이 되어 읽으니 주인공 싱클레어의 방황과 고
민이 다 내 이야기 같고, 데미안과 피스토리우스가 싱클레어에게 건네는
말이 모두 나에게 건네는 메시지로 느껴졌습니다. 『데미안』은 1차 세계대
전 직후 혼란과 상처로 가득했던 젊은이들의 마음에 울림을 준 책입니다.
주인공 싱클레어처럼 진정한 자아를 찾기 위해 혹독한 방황의 시기를 경

험한 사람이라면 『데미안』에서 공감하는 부분이 적지 않을 것입니다.

특히, 주인공 싱클레어는 모태 신앙 집안에서 자라며 청년으로 성장하기까지 내면에 두려움과 가치관의 혼란으로 가득했던 인물입니다. 청소년기와 청년기의 중간 단계에 있는 고등학생들은 『데미안』에 어느 정도 공감했을지 기대되고 궁금했습니다.

📖 가장 인상 깊게 읽은 내용은?

"싱클레어가 거짓말에 거짓말을 계속했는데 열 살짜리 어린 애한테는 그게 얼마나 괴로울까... 귀여워 보이기도 했는데요. 귀여워 보인다는 생각을 한 동시에 내가 얼마나 많은 죄를 짓고 살고 타락했으면 저런 거짓말이 죄란 사실인데도 큰 죄로 인식하지 못하나 이런 생각이 들었어요."

"첫 장에서 싱클레어가 프란츠 크로머랑 안 부딪히려고 했는지 모르겠는데 도둑질을 했다고 거짓말을 지어냈잖아요. '왜 저렇게까지 거짓말을 하지?' 좀 공감을 할 수 없었어요. 맨 처음 읽을 때 그 부분이 강하게 남았어요."

📖 왜 싱클레어는 크로머에게 거짓말을 했을까? 부모님에게는 왜 솔직하게 말하지 못했을까?

"싱클레어는 크로머 같은 세고 강한 친구가 아니라 여린 친구라서 강한 친구에게 환심을 사면 세 보이지 않을까 하는 어린 마음에 거짓말하지 않았나 싶어요."

"크게 혼날 것 같은 상황을 모면하기 위해서 거짓말하다 보니까요. 왜 그랬는지는 알겠는데 미련한 선택이었다는 생각이 들었어요."

📖 이 책을 읽고 나서 가장 마음에 와닿았던 점, 생각의 변화나 실천할 수 있는 일은?

제가 '두 세계' 부분을 제일 인상 깊게 읽었는데. 그걸 보면서 진짜 거짓말은 시작도 하지 말아야 한다고 생각했고 감당 못할 일이 있으면 보호자한테 최대한 빨리 도움을 요청하는 게 현명하다는 생각이 들었어요."

"싱클레어가 죄를 계속해서 짓고, 거짓말을 또 하고 또 하잖아요. 그 장면을 보면서 제가 별로 죄라고 느끼지 않고 죄의 무게를 가볍게 두는 느낌을 많이 받아서. 사실 그 부분을 제 스스로 생각도 하고 마음도 무거웠어요. 어떤 죄든 죄를 지으면 안 되는 게 맞는 거잖아요. 그 죄의 무게를 제가 판단해서도 안 되는 거니까. 그렇게 하지 말고 애초부터 그냥 죄를 짓지 않도록 노력하고 살아야겠다 이런 생각을 했어요."

"덧붙이자면, 싱클레어도 처음에 거짓말한 건 솔직히 별 거 아니라고 할 수 있잖아요. 근데 그걸 덮으려다 보니까 점점 감당하지 못할 만큼 불어났기 때문에 일단 뭔가 잘못한 게 있다면 덮으려고 하기보다는 그걸 인정하고 빨리 책임지는 게 현명할 것 같아요. 싱클레어가 도둑질을 하면서 그걸 마냥 나쁘게만 생각하지 않고 하면서 점점 쉽게 여긴다는 것 같은 묘사가 있었던 것 같거든요. 그래서 그런 것에 익숙해지는 것도 되게 위험하다는 생각이 들었어요."

"진짜 한 번이 어렵지 두세 번은 계속하면 할수록 더 쉬워지고 스케일이 커져서 걷잡을 수 없을 만큼 커지게 되는 것 같아요."

📖 싱클레어가 죄책감을 느껴서 '나는 용서를 받고 싶어 하마터면 아버지의 발에 키스할 뻔했다'라고 하는데 이런 게 사람과 사람으로서 해결될 수 있는 문제는 아니지 않나. 이게 맞는 걸까? 하는 생각을 되게 많이 한 것 같아요. 굉장히 헷갈리기도 했던 것 같고요. 싱클레어가 자기 집을 선(善)이라고 두고, 집 밖을 악(惡)이라고 뒀잖아요. 기독교인이라고 해서 그게 그렇게 하는 게 맞는 건가요? 집 자체를 선(善)으로 두는 것 자체가 맞는건가요? (*학생 질문)

"집 안이든 밖이든 다 악이지 않을까. 인간 세계에서 선으로 나눌 만한 곳은 딱히 있지 않을 것 같다고 생각해요."

"동의하지 않습니다. 왜냐면 악의 경계를, 구역을 나누는 건 아닌 것 같고 구역에 대한 경계는 별로 없는 것 같아요. 어떤 곳에서든 선과 악이 같이 일어날 수 있으니까요."

📖 싱클레어처럼 '두 세계'에서 방황한 적 있는가? 기독교 집안의 자녀로서 싱클레어에게 공감되는 부분이 있거나 비슷한 경험을 한 적 있으면 나눠 보자.

"딱히 없었던 것 같아요."

"예전에는 주일에 교회 가는 것도 살짝 힘들었을 때도 있고 학교에서 그리스도인으로서 삶을 나타내서 보여줘야 하는 게 저희가 해야 할 본분이잖아요. 근데 그게 지켜지지 않아서 그것 때문에 어떻게 살아야 하나 고민도 많았어요. 제가 하나님의 자녀로서의 삶을 못 보여주고 있는 것 같아서 기도회에서 기도제목도 많이 냈었어요. 아직까지 그래요. 항상 마음으로 다짐은 하고 말씀대로 삶을 살아가게 해 달라고 생각하다가도 생활하다 보면 그걸 자연스럽게 잊어버리는 것 같아요. 어느샌가 아예 사라졌었던 것 같고 원래 없었던 것처럼 하고. 또 집에 와서 회개하고 그걸 계속 반복하니까 내 스스로 괴로운 게 있지 않았나……. 성경에 나와 있는 대로 진짜 하나님이 원하시는 그리스도인으로서 삶을 사는 게 정말 쉽지 않은 길인 것 같아요."

📖 누구나 성장이나 변화를 위해서 내가 스스로 깨야 할 '알'이 있다. 내가 깨야 할 '알'은 무엇일까?

"아직 잘 모르겠어요. 제가 바뀌어야 할 것 같아요. 너무 계획만 두루뭉술하게 세우고 실천은 하나도 안 하고요."

"전 스스로에게 관대하지 않나 싶어서. 신앙적으로나 학업적으로나 스스로한테 엄격해야 한다고 생각하는데 여러 가지 외부적인 요소들이 있지만 항상 그거에 대해 너무 좀 관대하지 않았나 싶어요. 그걸 좀 깨고 스스로에게 더 엄격해져야 더 성장하고 제 스스로 큰 변화가 올 수 있지 않을까 생각해요."

"저는 지금 사실 변화의 필요성을 못 느끼고 있거든요. 안주하는가 싶긴 한데 그래도 지금은 만족스럽거든요. 예전에는 힘들었던 게 나에게 안 맞는 걸 자꾸 하려고 하다 보니까 억지로 하려고 하는 데서 스트레스를 많이 받는 거예요. 일단 무조건 해 내야 한다고 생각하니까. 근데 지금은 하기 싫은 것은 그냥 '안 맞는구나'하고 유연하게 넘길 수 있게 되어서 스트레스도 덜 받는 것 같아요. '내가 이런 걸 힘들어하는 사람이구나' 정도만 알면 괜찮지 않나 이렇게 생각이 바뀌었거든요. 그래서 지금 상태에 만족하며 살고 있어요."

📖 '베아트리체'라는 인물을 통해 싱클레어는 그림 그리는 재능을 발견했고 마음의 안정도 찾았다. 싱클레어는 여러 사람을 만나면서 삶에 영향을 받았다. 우리에게도 그런 영향을 준 사람이나 하나님을 진정으로 만난 후 자신에게 어떤 변화가 있었는지 나눠 보자.

"교회에 있는 언니들이 될 수도 있고 친구들, 때로는 동생들이 제 신앙

생활에 영향을 많이 주지 않았나 싶어요. 제가 은아언니를 보면서 나도 이렇게 은아언니처럼 생활해야겠다고 느낀 적이 있고, 저보다 후배이긴 하지만 가은이를 보면 신앙생활을 열심히 하고 말씀도 가까이하는 친구인 것 같아서 '저런 삶을 살아야지. 그리스도인으로서 삶을 사는 거구나'라고 느끼게 해줬어요. 생각의 변화를 많이 줬던 인물이었어요."

"저는 사실 사람은 없고요 하나님을 만나기 전후로 약간 마음가짐에 방향이 바뀌었던 것 같아요. 저는 모태 신앙이니까 '이렇게 해야 된다, 저렇게 해야 된다'고 교회에서도 배우고 가정에서도 계속 배워서 그걸 실천하려고 많이 노력했는데요. 옛날에는 이렇게 하라고 배웠으니까 행동을 했다면, 하나님을 만난 다음부터는 이유를 알고 목적을 가지고 진짜 분명한 목표를 가지고 행동하는 쪽으로 바뀌었어요."

'진정한 자아 찾기'에 관한 이야기를 기대했는데 학생들은 제 예상을 빗나갔습니다. 싱클레어가 악의 세계에 눈을 뜨는 '두 세계'부분을 가장 많이 언급했습니다. 죄에 관해 학생들과 이렇게 진지한 대화를 오래 나눈 적은 처음이었습니다. 그리스도인으로서 느끼는 고민과 영적 상태도 조금은 알 수 있었고 학생들이 죄에 관해 얼마나 민감하게 생각하는지 알 수 있었습니다.

'진지충'이란 말을 들어보셨나요? 요즘 아이들 사이에서 진지한 사람을 비꼬는 말로 '진지충'이란 단어가 쓰입니다. 비슷한 말로 '노잼(재미가 전혀없음)'도 있습니다. '진지하다'는 사전적 의미로 '마음 쓰는 태도나 행동 따위가 참되고 착실하다'라는 좋은 뜻인데 부정적인 의미로 쓰여서 진지한 고민이나 대화를 꺼리고 가볍게 여기는 현실이 안타깝습니다. 그런데 살다 보면 누구나 진지충이 되어야 할 때가 있습니다. 처절한 내면의 성장을 거친 싱클레어는 남들이 보면 중2병 같고, 진지충 같은 면이 있습니다. 그 시기는 다르지만 살다 보면 누구나 그런 때가 있습니다. 진정한 자아를 찾기 위해 고민하고, 인생의 중요한 선택을 해야 할 때가 있습니다. 누군가와 진지하게 나누어야 할 때도 있습니다. 그런데 '진지충'이란 말이 생기면서 진지한 사람이 재미없고 분위기를 망치는 사람처럼 취급됩니다.

독서모임은 진지충들의 모임인 것 같습니다. 우리는 항상 진지한 고민과 대화를 나누니까요. 이런 진지한 대화를 제대로 해 보면 그리 무겁거나 지루하지 않다는 걸 알 수 있습니다. 바쁘게 돌아가는 삶 속에서 경청할 줄 아는 사람들과 진지한 대화를 하는 시간이 학생들에게 얼마나 소중하고 필요했는지 느낍니다. 진지한 대화를 통해 나 자신을 알아가고 다른 사람에 대해서도 이해할 줄 알게 됩니다. 이런 모임의 성과는 아직 뚜렷이 나타나지 않습니다. 하지만 분명히 조금씩 성장하고 있다고 믿습니다.

그리스도인의 정체성은 하나님께서 택하신 자녀의 정체성이 있습니다. 우리는 택함 받은 귀한 존재이고 하나님의 계획이 있음을 알게 해 주는 말씀을 학생들과 나누었습니다.

적용할 수 있는 성경 구절

너희는 먼저 그의 나라와 그의 의를 구하라 그리하면 이 모든 것을 너희에게 더하시리라_마 6:33

오직 강하고 극히 담대하여 나의 종 모세가 네게 명령한 그 율법을 다 지켜 행하고 우로나 좌로나 치우치지 말라 그리하면 어디로 가든지 형통하리니_수 1:7

여호와의 말씀이니라 너희를 향한 나의 생각을 내가 아나니 평안이요 재앙이 아니니라 너희에게 미래와 희망을 주는 것이니라_렘 29:11

야곱아 너를 창조하신 여호와께서 지금 말씀하시느니라 이스라엘아 너를 지으신 이가 말씀하시느니라 너는 두려워하지 말라 내가 너를 구속하였고 내가 너를 지명하여 불렀나니 너는 내 것이라 네가 물 가운데로 지날 때에 내가 너와 함께할 것이라 강을 건널 때에 물이 너를 침몰하지 못할 것이며 네가 불 가운데로 지날 때에 타지도 아니할 것이요 불꽃이 너를 사르지도 못하리니_사 43:1-2
내가 너를 내 손바닥에 새겼고 너의 성벽이 항상 내 앞에 있나니_사 49:16

하나님이 세상을 이처럼 사랑하사 독생자를 주셨으니 이는 그를 믿는 자마다

멸망하지 않고 영생을 얻게 하려 하심이라_요 3:16

우리가 그가 만드신 바라 그리스도 예수 안에서 선한 일을 위하여 지으심을 받은 자니 이 일은 하나님이 전에 예비하사 우리로 그 가운데서 행하게 하려 하심이니라_엡 2:10

내가 주께 감사하옴은 나를 지으심이 심히 기묘하심이라 주께서 하시는 일이 기이함을 내 영혼이 잘 아나이다_시 139:14

보라 아버지께서 어떠한 사랑을 우리에게 베푸사 하나님의 자녀라 일컬음을 받게 하셨는가, 우리가 그러하도다_요일 3:1

세상을 알아야 세상과 소통한다
인문 「지적 대화를 위한 넓고 얕은 지식」

'지대넓얕'시리즈는 누적 판매 200만 부를 넘기며 인문 서적 중 최장기 베스트셀러를 기록한 책입니다. 학생들은 어려운 개념을 쉽게 풀어 써서 재밌었다는 평이 많았습니다. 인문 서적의 입문서로 시작하기 좋은 책입니다. 학생들은 가장 먼저 출간됐던 '역사, 경제, 정치, 사회, 윤리 편'을 읽었습니다. 수능 시험을 마친 고3 학생이 읽고 싶다고 추천했고 직접 모임을 인도했던 책입니다. 책 한 권을 완벽하게 소화해서 메모 한 장 보지 않고 능숙하게 진행해서 깜짝 놀랐던 기억이 납니다. 인터넷 기사와 관련 팟캐스트 등 다양한 자료를 찾아보고 질문을 만들어 와서 활발한 의견을 나누었습니다. 이날 모임을 통해 가장 성장한 사람은 모임을 인도한 학생이었을 것입니다.

"저는 모임 진행을 준비하면서 질문에 대해 생각하는 중요성을 좀 생각해 볼 수 있었고 다른 사람의 생각을 듣고, 정말 남들이랑 내가 같은 점이 있으면서도 다른 면이 있다는 걸 알았어요. 말할 때도 뭔가 생각을 하고 말하게 되더라고요."

📖 미래에 민주주의와 자본주의 다음의 체제가 나올까? 나온다면 어떤 모습일까?

"사회주의에 가까워질 것 같아요. 왜냐면 인공지능과 기계가 생산 대부분을 담당하게 되면서 소수의 자본가와 전문기술자, 개발자들이 산업을 장악하게 돼요. 그러면 다수의 노동자들은 대량 실직을 당하고 구매력이 부족해지고 경기 악화를 초래해요. 빈부격차가 심해지고요. 그렇게 되면 국가 차원에서 빈익빈 부익부 방지를 위한 소득재분배가 중요해지기 때문에 노동은 인간의 몫이 아님을 인식하고 복지의 중요성이 높아져요. 결론적으로 국가의 역할이 중요하기 때문에 사회주의 형태와 유사해질 것 같아요."

📖 개인과 전체 중 어느 것이 좀 더 중요하다고 생각하는가? 그 이유는?

"개인이요. 개개인이 올바른 생각을 가져야 전체도 좋은 방향으로 갈 것 같아요."

"저는 전체가 중요한 것 같아요. 그 이유는 개인이 조금 연약하고 부족해도 전체가 함께 가면 그 개인을 끌어 주고 도와줄 수 있으니까요."

📖 미디어를 평소에 어떻게 받아들이는가? 이 책을 보고 미디어에 대한 인식이 달라진 점이 있다면?

"SNS에 돌아다니는 가짜뉴스는 안 믿었는데 포털 사이트에 나오는 뉴스는 의심없이 다 믿었었어요. 이제는 하나의 기사만 보고 믿지 않고 다양한 매체를 접하고 믿어야겠다는 생각이 들어요."

📖 일부에서 이 책이 인문학의 수준을 내렸다는 평이 있는데 이 점에 공감하는가? 그 이유는?

"공감하지 않아요. 이 책은 인문학을 쉽고 편하게 접하게 해줬어요."

"이 책을 통해 유입된 사람이 많아서 수준이 내려간 것처럼 보일 뿐이라고 생각해요. 그리고 인문학의 문턱을 낮춰줬다는 점에서 굉장히 의미있고 긍정적인 역할을 했다고 생각해요."

"저도 공감하지 않아요. 기본 지식을 바탕으로 인문학에 더 깊이 갈 수 있게 하는데 도움이 되는 것 같아요."

📖 이 책은 어떤 사람들에게 유익한 것 같나요?

"인문학에 대한 접근이 힘든 사람들이요. 다양한 분야를 깊게 파기보다
다양한 분야를 조금씩 맛보면서 더 깊이 알고 싶은 사람들에게 유익할 것
같고, 자신이 어느 분야에 흥미가 있는지 조금 더 알 수 있을 것 같아요."

저는 학생들의 이야기 중에 전체가 연약한 개인을 끌어 주고 도와줄 수
있다는 말이 가장 인상깊었습니다. 세상은 절대 혼자 살아갈 수 없다는
사실, 공동체가 연대하는 힘의 중요성을 이 학생이 잘 알고 있다는 생각
이 들었습니다. 이제 성인이 된 그 학생에게 교회 공동체는 연약한 사람
도 함께 이끌어 주는 공동체라고 기억되길 바라고, 자기보다 약한 사람을
도울 줄 아는 사람이 되면 좋겠습니다.

인간의 욕망이 하나님의 창조 섭리를 거슬렀을 때

문학 『프랑켄슈타인』(메리 셸리)

『프랑켄슈타인』은 메리 셸리가 열여덟 살에 쓴 세계 최초의 공상과학소설입니다. 과학자인 빅터 프랑켄슈타인이 생명 창조에서 영감을 얻어 '괴물'을 만들지만 이 괴물에게 습격을 당해 비극을 맞는 내용입니다. 키 2미터 40센티에 이르는 거구의 괴물은 흉한 외모와 달리 속은 선하고 여립니다. 하지만 끔찍한 모습 때문에 사람들과 어울릴 수 없음에 깊은 절망과 좌절에 빠집니다. 이 책은 괴물의 심리 묘사가 탁월한 고전이며, 최초로 인공생명체의 창조와 그에 따른 윤리적 문제를 다룬 과학소설로 함께 고민하고 생각할 거리가 많습니다.

📖 이 책을 읽고 어떤 점이 좋았나?

"괴물의 심리 묘사가 디테일해서 좋았어요."

"심리 묘사에 대한 표현력이 좋았어요."

📖 소설 전반에 작가의 실제 삶 속의 고통과 심리상태가 반영되어 있다. 어떤 부분에서 느낄 수 있었나? 괴물의 감정에 공감했던 부분이 있는가?

"괴물의 감정이 희망에서 절망으로 바뀌는 걸 보며 불쌍했어요."

"괴물이 사람들에게 그렇게 외면당하고 버림받는 것을 보고 마음이 아팠어요."

📖 외모가 흉측하다는 이유로 괴물을 거부하는 사람들의 모습에서 무엇을 느꼈나? 실제 그런 일을 겪는다면?

"저도 오두막에 있는 사람들과 같은 반응을 보였을 것 같아요."

"괴물과 대화를 시도해 봤을 것 같아요."

📖 끊임없이 사랑을 갈구하지만 반복적으로 거부당한다. 슬픔과 좌절이 세상을 향한 복수와 분노, 살인까지 이어진다. 누군가에게 거절당한 느낌, 버려진 느낌, 상실과 좌절을 느껴 본 적 있는가? 사람이 아니더라도 취업, 도전, 시험 등등. 이럴 때 그 좌절감, 고통을 어떻게 극복할 수 있을까?

"수능 시험을 치고 나서 좌절을 느꼈어요."

"인간관계에서 어려움을 겪었는데 그때 기도를 하며 현실을 받아들이고 마음이 평안해졌어요."

📖 인간의 손에서 끔찍한 괴물이 창조된 것처럼, 과학기술의 발전으로 인해 인간에게 닥치는 폐해와 고통, 불행도 분명히 있다. 과학자에게 책임감이 필요하고, 제품과 기술을 만드는 사람들에게도 책임감이 필요하다. 기술의 발달로 인한 폐해에 우리는 어떻게 대처해야 할까?

"가장 대표적인 문제가 지구온난화 문제라고 생각해요. CCTV, 몰래카메라 때문에 사생활 침해 문제도 있어요. 우리가 실천할 수 있는 일은 쓰레기 분리수거와 사회적으로 문제를 인식하도록 교육하는 거요. 괴물을 만든 프랑켄슈타인이 그릇된 가치관과 어설픈 지식으로 괴물을 만든 것이 문제였기 때문에 교육이 정말 중요한 것 같아요. 올바른 교육과 가치관이 중요해요."

뮤지컬 '프랑켄슈타인'을 좋아하는 학생이 추천해서 정한 책인데 표현력과 상상력도 풍부하고 인간의 감정, 신앙, 교육, 환경, 과학기술 등 다양한 이야기를 나눌 수 있어서 다시 한번 고전의 힘이 크다는 걸 느꼈습니다.

이날 모임은 뮤지컬 〈프랑켄슈타인〉의 OST 〈난 괴물〉을 들으며 마무리했습니다. 괴물의 상처와 아픔을 담은 노래였습니다.

뮤지컬 〈프랑켄슈타인〉 중 '난 괴물'

차디찬 땅에 홀로 누워 눈물이 뺨을 적시네
이것이 외로움 혼자만의 슬픔
이 세상에 혼자 단 하나의 존재
철 침대에서 태어난 나는 너희완 달라 인간이 아냐
그럼 나는 뭐라 불려야 하나
나의 신이여 말해 보소서 대체 난 뭘 위해 만들었나
단지 취미로 호기심에 날 만들었나
숨을 쉬는 나도 생명인데
왜 난 혼자서 여기 울고 있나요 여기 버려진 채로
정녕 내겐 태어난 이유가 없나
나의 창조주시여 뭐라 말 좀 해봐요
왜 난 모두에게 괴물이라 불려야 하나
내게도 심장이 뛰는데 이 슬픔을 참을 수 있는가
피는 누군가의 피 살은 누군가의 살
나는 누군가의 피와 살로 태어났네
나의 신이여 나의 창조주시여
내가 아팠던 만큼 당신께 돌려 드리리
세상에 혼자가 된다는 절망 속에 빠트리리라
어젯밤 처음 난 꿈을 꾸었네 누군가 날 안아주는 꿈
포근한 가슴에 얼굴을 묻고 웃었네 나 그 꿈속에 살 순 없었나

에필로그 /

부록 /

참고한 자료

에필로그

코로나 블루에서
나를 구해준 독서모임 📘

올해 상반기는 대부분의 시간을 혼자 보냈습니다. 혼자있는 시간을 좋아하지만, 교회 학생들과 만날 수 없는 것이 가장 힘들었습니다. 하지만 코로나 때문에 이것도 못 하고, 저것도 못 한다며 한탄하기 싫었습니다. 주어진 상황에서 할 수 있는 일과 방법을 찾으려고 애썼습니다. 그 결과물이 이 책이었고, 온라인 독서모임이었습니다. 책을 읽고 소통하는 일은 코로나가 막을 수 없었습니다. 사람들과의 대면 교제가 끊겨 우울해질 때 저를 살려준 건 학생들과의 온라인 독서모임이었습니다.

혼자 시간을 보내며 설렘과 두려움으로 원고를 썼습니다. '이 어설픈 경험을 감히 책으로 내도 될까?' VS '똑같은 내용의 책은 없으니까 써도 되지 않을까?' 하는 내적 갈등이 있었습니다. 별별 걱정근심으로 소화도 안 되고 글이 잘 써지지 않던 어느 날, 한 기독교 SNS에서 이런 문장을 발견했습니다.

'하나님이 보신다.'

이 문장을 보고 '나는 왜 사람을 그렇게 의식했을까' 반성하고 회개했습니다. 사람에게 인정받고 싶은 욕심이 있었겠죠. 오만가지 걱정을 하던 중에도 학생들과 독서모임을 계속하며 책을 쓰고 싶다는 소원이 생겼습니다. 그때 하나님께서 주신 말씀이 빌립보서 2장 13절 말씀입니다.

> 너희 안에서 행하시는 이는 하나님이시니 자기의 기쁘신 뜻을 위하여
> 너희에게 소원을 두고 행하게 하시나니 _ 빌 2:13

하나님께서 시작하게 해주신다면, 하나님께서 마무리하실 거라고 믿고 썼습니다. 보잘것없는 내 인생의 유일한 소망 되신 하나님, 새로운 소원을 주시는 하나님, 이 책을 통해 그 일을 행하시는 분은 당신이심을 보여주신 하나님 아버지께 감사드립니다.

감사한 분이 너무 많습니다. 항상 따뜻한 메시지로 격려해주시고 초보 저자의 글을 믿고 출판을 결정해주신 세움북스 강인구 대표님, 글이 돋보이도록 멋지게 디자인해주신 이정희 과장님, 꼼꼼하게 교정해주신 이윤경 편집자님, 고등부 교사들이 하는 사역은 아낌없이 지원해주시고자 애쓰신 대청교회 고등부 목사님, 젊은 교사들을 늘 지지해주시고 솔선수범을 보여주신 부장 집사님, 독서모임 초보였던 제가 마음껏 의지할 수 있었던 독서동아리 담당 선생님들, 함께 섬겨주신 모든 고등부 선생님들께 감사드립니다. 항상 긴장하고 부족한 선생님을 잘 따라주고 이해해준 독서모임의 학생들이 가장 고맙습니다. 밋밋한 기획서를 근사하게 만들어 준 성미와 내가 하는 일이라면 무조건 응원해주는 친구들, 멀리서도 사랑과 응원을 아끼지 않는 일가친척들, 한결같이 내 곁을 지키는 강아지 비키, 사십 년 동안 걱정만 끼쳐드려서 항상 죄송한 아버지, 어머니께 감사의 마음을 전합니다.

2020년 9월, 조은정

독서모임 피드백 양식

1. 모임의 만족도는 어떠셨나요?

　　　매우 만족 (　) 　만족 (　) 　보통 (　) 　불만족 (　) 　매우 불만족 (　)

2. 1번 답변에 대한 이유를 써 주세요.

3. 학교나 외부기관이 아닌 교회 고등부에서 하는 독서모임의 장점은 뭔가요?

4. 내년에도 고등부 독서모임이 계속 운영되길 원합니까?

　　　네 (　) 　아니오 (　)

5. 4번 답변에 대한 이유를 써 주세요.

6. 교회 독서모임이 나의 학업이나 신앙이나 생활에 유익한 점이 있는가요? 어떤 점에서 도움이 되나요?

7. 내년에도 독서모임을 운영한다면 보완하거나 개선했으면 하는 점, 적용하면 좋을 아이디어가 있으면 여러분의 의견을 솔직하게 써 주세요.

참고한 자료

1부

〈매일경제〉, "바쁜 현대인 위한 '서머리 서비스'인기—책 · 영화 · 뉴스…알맹이만 떠먹여준다", 2019.12.16.

〈아시아경제〉, "사람 · 지식 · 인연을 연결하는 독서모임 '트레바리'", 2018.8.16

김난도, 전미영, 최지혜, 이향은, 이준영 저 외 4명, 『트렌드 코리아 2020』(미래의 창)

http://crossd.org/ 크로스 디사이플스 홈페이지

수전 케인, 『콰이어트』(알에이치코리아)

수전 케인, 그레고리 몬, 에리카 모로즈, 『청소년을 위한 콰이어트 파워』(알에이치 코리아)

수전 케인, 유튜브 TED강연 '내향형의 힘'(the Power of Introverts)

남인숙, 『사실, 내성적인 사람입니다』(21세기북스)

조신영, 박현찬, 『경청』(위즈덤하우스)

〈부산일보〉, "책으로 목회하는 샘터교회 안중덕 목사", 2009.1.11.

금정도서관 김영하 작가 북콘서트 "우리가 소설을 읽을 때 일어나는 일들", 2017.10.18.

신국원, 『니고데모의 안경』(IVP)

손원평, 『아몬드』(창비)

장영재, 『경영학 콘서트』(비즈니스북스)

메리 셸리, 『프랑켄슈타인』(문학동네)

헤르만 헤세, 『데미안』(문학동네)

한국정보통신기술협회 제4차 산업혁명 정의

http://www.tta.or.kr/data/weeklyNoticeView.jsp?pk_num=5228

2부

〈중앙일보〉, "올해는 꼭… 일단 책으로 먼저"…새해 '결심도서'인기, 2018.1.9.

3부

카밀 래빙턴, 스테파니 로시, 『첫인상 3초 혁명』(한스미디어)

팟캐스트 [듣똑라] 듣다 보면 똑똑해지는 라이프 45회, 54년된 출판사가 밀레니얼
        에게 말 거는법(f.박혜진 편집자)

〈기독신문〉, "잘되는 주일학교 '성장 3박", 2010.10.11.

장영재, 『경영학 콘서트』(비즈니스북스)

손원평, 『아몬드』(창비)

유현준, 『어디서 살 것인가』(을유문화사)

4부

팟캐스트 [책읽아웃] 126회 – 오은의 옹기종기 최승필 작가편

전라남도 교육청 〈진로 독서동아리 우수사례(중.고)−도란도란 책 읽는 소리, 무럭무럭 커가는 생각〉

헤르만 헤세, 『데미안』(문학동네)

역대 한국기독교출판문화상작, 사단법인 한국기독교출판협회

문화체육관광부 국가도서관통계시스템
https://www.libsta.go.kr/

부산광역시립시민도서관 원북원부산
http://www.siminlib.go.kr:9991/sub.php?MenuID=87

청소년출판협의회(청출협)

청출협 다음카페
http://cafe.daum.net/1318pub

청출협 페이스북
https://www.facebook.com/1318pub

청출협 네이버포스트
http://post.naver.com/1318pub

청출협 학교도서관저널
http://www.slj.co.kr

박총, 『욕쟁이 예수』(살림)

임영규, 『독서토론 이야기』(박이정출판사)

지윤주, 『나의 첫 독서토론모임』(밥북)

김기현, 『성경독서법』(성서유니온선교회)

강민호, 『브랜드가 되어 간다는 것』(턴어라운드)

로렌스 엘리엇, 『땅콩박사』(겨자나무)

클라우스 슈밥, 『클라우스 슈밥의 제4차 산업혁명』(새로운현재)

장영재, 『경영학 콘서트』(비즈니스북스)

헤르만 헤세, 『데미안』(문학동네)

〈뉴스앤조이〉, "성경에서 발견한 교육 방법, '하브루타'", 2018.2.21.

이은주, 『하브루타 독서토론 교과서』(라온북)

이익열, 『하브루타, 교사가 답이다』(이익열)

김혜경, 『하브루타 질문 독서법』(경향비피)

레프 톨스토이, 『사람은 무엇으로 사는가』(문예출판사)

서현숙, 허보영, 『독서동아리 100개면 학교가 바뀐다』(학교도서관저널)

장은수, 『같이 읽고 함께 살다』(느티나무책방)

강원임, 『엄마의 책모임』(이비락)

백화현, 『책으로 크는 아이들』(우리교육)

백화현, 『도란도란 책모임』(학교도서관저널)

한재술, 『독서모임 대답은 있다 이야기』(그책의사람들)

김의섭, 『독서에 미친 사람들』(바이북스)

6부

〈기독신문〉, "지금 교회학교 교사는 지쳐있다", 2013.10.15.

헤르만 헤세, 『데미안』(문학동네)

메리 셸리, 『프랑켄슈타인』(문학동네)

영화 〈메리 셸리: 프랑켄슈타인의 탄생〉

서현숙, 허보영, 『독서동아리 100개면 학교가 바뀐다』(학교도서관저널)

장은수, 『같이 읽고 함께 살다』(느티나무책방)

강원임, 『엄마의 책모임』(이비락)

백화현, 『책으로 크는 아이들』(우리교육)

백화현, 『도란도란 책모임』(학교도서관저널)

한재숙, 『독서모임 대답은 있다 이야기』(그책의사람들)

김의섭, 『독서에 미친 사람들』(바이북스)

김지혜, 『선량한 차별주의자』(창비)

하정완, 『교사 십계명』(나눔사)

김현수, 『요즘 아이들 마음고생의 비밀』(해냄)

임만호, 『아이들이 교회로 몰려온다』(생명의말씀사)

경향신문 특별취재팀, 『10대가 아프다』(위즈덤경향)

정병오, 『선생님은 너를 응원해』(홍성사)

김남준, 『청소년을 위한 개념없음』(생명의말씀사)

천종호, 『호통판사 천종호의 변명』(우리학교)

천종호, 『이 아이들에게도 아버지가 필요합니다』(우리학교)

이정현, 『교사 베이직』(생명의말씀사)

이정현, 『교사 기도 베이직』(생명의말씀사)

이정현, 『중고등부 믿음으로 승부하라』(좋은씨앗)

기독교세계관교육센터, 『십 대 사역 세우기』(예수전도단)

김청봉, 『성장하는 교회학교는 무엇이 다를까』(드림북)

김인환, 『교사들이여, 절대로 가르치지 마라』(두란노)

하지현, 『지금 독립하는 중입니다』(창비)

최성애, 조벽, 『청소년 감정코칭』(해냄)

임홍택, 『90년생이 온다』(웨일북)

염한결, 이원희, 박현영, 이예은, 구지원, 김정구, 정유라, 『2020 트렌드노트』(북스톤)

공일영, 조희, 『미래가 두려운 너에게』(미디어숲)

7부

손원평, 『아몬드』(창비)

김지혜, 『선량한 차별주의자』(창비)

박총, 『욕쟁이 예수』(살림)

유현준, 『어디서 살 것인가』(을유문화사)

헤르만 헤세, 『데미안』(문학동네)

〈동아일보〉, "'치유'라는 뜻의 단어 '힐링', 어쩌다 선정적인 전단지에 등장했나",
2019.8.15.

채사장, 『지적대화를 위한 넓고 얕은 지식1』(한빛비즈)

메리 셸리, 『프랑켄슈타인』(문학동네)